JESSICA HARNOIS | ALEXANDRE MARCHAND

UN SOMMELIER
à votre table

200 VINS À DÉCOUVRIR | **50** SOMMELIERS INCONTOURNABLES | **50** RESTOS AU CELLIER EXCEPTIONNEL

D1282473

Québec Amérique

Projet dirigé par Myriam Caron Belzile, éditrice

Idéation : Jessica Harnois et Alexandre Marchand
Conception de la couverture : Sara Tétreault
Conception graphique : Célia Provencher-Galarneau et
　　　　　　　　　　　　Cristine Berthiaume – Brad
Mise en pages : Pascal Goyette
Icône accords mets-vins : Anouk Noël
Rédaction : Alain Roy
Révision linguistique : Ève Patenaude et Philippe Paré-Moreau
Photographies : Hans Laurendeau – shootstudio.ca
Photographie de Véronique Rivest (p. 13) : © Martine Doucet

Québec Amérique
329, rue de la Commune Ouest, 3ᵉ étage
Montréal (Québec) H2Y 2E1
Téléphone : 514 499-3000, télécopieur : 514 499-3010

Nous reconnaissons l'aide financière du gouvernement du Canada par
l'entremise du Fonds du livre du Canada pour nos activités d'édition.

Gouvernement du Québec – Programme de crédit d'impôt pour
l'édition de livres – Gestion SODEC.

Les Éditions Québec Amérique bénéficient du programme de subvention
globale du Conseil des Arts du Canada. Elles tiennent également à
remercier la SODEC pour son appui financier.

Conseil des Arts　Canada Council
du Canada　　　for the Arts

SODEC
Québec

**Catalogage avant publication de Bibliothèque et Archives
nationales du Québec et Bibliothèque et Archives Canada**

Harnois, Jessica

Un sommelier à votre table
(Cuisine)
Comprend un index.
ISBN 978-2-7644-2168-0 (Version imprimée)
ISBN 978-2-7644-1200-8 (PDF)
ISBN 978-2-7644-1201-5 (ePub)
1. Sommeliers - Québec (Province) - Biographies. 2. Vin - Service.
3. Accord des vins et des mets. I. Marchand, Alexandre. II. Titre.
TX925.H372 2013　　641.2'20922　　C2013-941557-2

Dépôt légal : 3ᵉ trimestre 2013
Bibliothèque nationale du Québec
Bibliothèque nationale du Canada

Imprimé au Québec

Table des matières

Les 50 sommeliers et leurs coups de cœur

Par sommelier...

Par restaurant...

Guide d'utilisation

Chacun des 50 restaurants présentés dans ce guide a été choisi pour son sommelier talentueux, ainsi que pour son cellier regorgeant de bons vins. Nous les avons répartis en **trois catégories, soit une, deux ou trois bouteilles, en fonction de la variété offerte par leur carte et de leur offre en vins de prestige.**

Un aperçu de l'**expérience œno-gastronomique** qui vous attend sur place.

À l'exception du cas des restaurants dont la carte entière est dédiée à un seul pays, ces proportions sont amenées à varier constamment, en fonction des nouveautés choisies par le sommelier : interprétez-les avant tout comme **une indication du choix offert.**

Le Castel des Prés

casteldespres.com
5800, boul. Gene-H.-Kruger, Trois-Rivières, Qc G9A 4P2
819 375-4921
castel@casteldespres.com

Situé sur un grand terrain paysagé, le Castel des Prés propose une cuisine française classique à laquelle se mêlent des inventions inspirées de la bistronomie. Le restaurant comprend quelque 75 places dans chacune de ses deux sections, l'une plus « bistro » (L'Étiquette), l'autre plus « resto » (Chez Claude), ainsi que deux terrasses donnant sur le jardin et cinq salles de réception à l'étage.

ORIENTATION VIN

Claude Gauthier a composé la carte des vins avec l'aide de son partenaire François Larouche. Ils ont choisi d'y classer les vins par ordre décroissant de prix plutôt que par pays, ce qui permet de piquer la curiosité des clients en leur faisant découvrir de nouvelles régions. Depuis 1986, le restaurant possède un appareil Cruover à gaz argon permettant de conserver les bouteilles ouvertes et d'offrir à la clientèle une intéressante sélection de vins au verre.

COMPOSITION DE LA CARTE DES VINS

25 % France, 25 % Espagne,
25 % Italie, 25 % autres pays

Importations privées : 35 %
Offerts à la SAQ : 65 %

LES QUATRE CATÉGORIES

$ Vins courants (environ entre 10 $ et 20 $)
$$ Vins de spécialité (environ entre 20 $ et 40 $)
$$$ Vins de prestige (plus de 30 $)
Cuvée d'ici   Vins et spiritueux produits au Canada

Chaque sommelier décrit ses coups de cœur en ses propres mots, vous donnant un aperçu de ses goûts et de son style bien particuliers.

Le **code SAQ*** permet de trouver facilement un vin en ligne ou en succursale. Lorsqu'un vin n'est pas offert en SAQ, le nom de l'agent ou du domaine auprès duquel il est possible de se le procurer est indiqué ici. Retrouvez en fin d'ouvrage la liste de ces points de vente.

Sélection du sommelier

$

Château Bouscassé,
Alain Brumont, Madiran,
Sud-Ouest, France 2010
Vin rouge
19,75 $ I SAQ : 00856575

« Ce vin est tout en finesse, bien qu'il soit conçu à partir du cépage tannat, parfois difficile à assouplir à cause de ses tannins charnus. Au nez, on retrouve de jolies notes de mûre sauvage, de moka et de grains de café torréfiés. Un superbe vin dense et intense. »

Carré d'agneau aux herbes de Provence.

$$

Alphonse Mellot,
La Moussière, Sancerre,
Vallée de la Loire, France 2011
Vin blanc
27,30 $ I SAQ : 00033480

« Voici le sauvignon dans toute sa splendeur ! Ce vin est vif à souhait et il présente un nez floral et fruité. Alphonse Mellot est l'un des grands producteurs de Sancerre. Une valeur sûre avec des poissons ou des fruits de mer. »

Trio de la mer (saumon, pétoncles et crevettes) avec pâtes au beurre de persil.

Domaine, appellation, cuvée, millésime… Retrouvez ici le *pedigree* des vins.
Dans la catégorie « Cuvée d'ici », nous avons omis la mention « Canada », implicite, pour faire une plus grande place aux origines précises de chaque produit.

$$$

Penfolds, St-Henri, Shiraz,
Australie 2007
Vin rouge
62,75 $ I SAQ : 00510875

« Ce shiraz complexe s'épanouit sur des notes de confitures de fruits noirs, de vanille et d'épices (poivre noir, cannelle). C'est une merveille lorsqu'il atteint son apogée. La finale perdure longuement, à notre grand bonheur. C'est un grand vin australien à mettre en cave ! »

Filet de bœuf, sauce au poivre vert ou noir.

Cuvée d'ici

Domaine & Vins Gélinas,
Cavalier du Versant,
Saint-Sévère, Québec 2011
Vin blanc et vin rouge
15,00 $ I Domaine & Vins Gélinas

« Outre la qualité de ses vins, le domaine Gélinas a le mérite d'être situé à Saint-Sévère, tout près de Trois-Rivières. Pourquoi ne pas prêcher pour sa paroisse ? Le rouge s'ouvre sur une belle matière fruitée rappelant le cassis et la griotte. Il s'achève sur une finale légèrement mentholée. À servir frais. »

Bavette à l'échalote ; agneau du Québec.

Claude Gauthier I Le Castel des Prés   105

Les **prix indiqués sont ceux pratiqués par la SAQ, les agents ou les domaines en date de publication du guide.** En restaurant, attendez-vous à payer plus cher pour chaque bouteille, les restaurateurs devant entre autres défrayer des taxes supplémentaires.

Laissez-vous tenter par les **suggestions d'accords du sommelier** : vous y découvrirez des spécialités à essayer au restaurant, mais aussi des inspirations pour des accords à recréer chez soi.

* À noter : lorsqu'un millésime n'est plus offert en SAQ, le code de produit renvoie à un millésime disponible du même vin.

Jessica Harnois est une sommelière et animatrice aguerrie, une passionnée du vin qui n'a pas la langue dans sa poche. Après avoir présidé de 2009 à 2013 l'Association canadienne des sommeliers professionnels (ACSP), elle est désormais vice-présidente de l'Alliance panaméricaine des sommeliers (APAS). Elle a aussi fondé l'agence d'animation Vins au féminin et est conceptrice du populaire jeu «Dégustation Vegas».

Mot de Jessica

Ça y est, mon rêve d'avoir un guide «coups de cœur» des 50 meilleurs sommeliers du Québec vient de se réaliser! C'est avec bonheur et fierté que mon collègue Alexandre Marchand et moi-même, épaulés par l'Association canadienne des sommeliers professionnels et tous nos partenaires, faisons ici la promotion d'une des plus belles professions du monde : la sommellerie!

Pour moi, le vin est synonyme de plaisir entre amis. Quoi de mieux que de rendre un guide sur les vins plus... humain! Nous avions envie de vous faire découvrir les personnalités des sommeliers d'ici, qui se déclinent dans une incroyable variété, comme en témoignent bien les photographies croquées par Hans Laurendeau. Nous, sommeliers, sommes des marchands de bonheur qui dégustons des centaines, voire pour certains des milliers, de vins par année afin d'amener jusqu'à votre table des produits qui vous surprendront et agrémenteront votre repas.

Les 50 sommeliers qui vous seront présentés dans ces pages ont été sélectionnés par Alexandre et moi – des choix subjectifs, mais que nous avons maintes fois eu l'occasion de valider auprès de professionnels du vin – afin de mettre de l'avant 50 cartes des vins parmi les plus exaltantes du Québec.

Nous avons réparti ces cartes en trois catégories, identifiées par une, deux, ou trois bouteilles :

- 10 cartes d'or : cartes des vins dans la plus pure tradition, incluant des bouteilles rares et une vaste sélection de produits, dont plusieurs vins de prestige.
- 15 cartes d'argent : cartes des vins présentant une sélection judicieuse et innovatrice, en constante évolution, dans des gammes de prix généralement abordables.
- 25 cartes bronze : cartes des vins proposant des vins inusités, une signature personnalisée et des prix alléchants.

Nous avons choisi de présenter dans ce guide des sommeliers œuvrant dans le milieu de la restauration, qu'il vous sera possible de rencontrer, et qui pourront vous fournir de vive voix des conseils personnalisés.

Je tiens absolument à souligner le talent des sommeliers d'ici, qui ne passe pas inaperçu sur la scène internationale : outre les professionnels de la restauration que vous découvrirez dans ce guide, pensons entre autre à Véronique Rivest, Nadia Fournier, Karyne Duplessis-Piché, François Chartier, Philippe Lapeyrie, Guénael Revel, Bill Zacharkwi, et j'en passe...

Je suis fière du talent d'ici, et surtout, de notre attitude ! On prend notre travail au sérieux, sans se prendre au sérieux, et ça, c'est la clé du succès.

C'est avec délice et émotion que j'ai savouré chacun des 200 coups de cœur qui nous sont recommandés dans ce guide : à votre tour de vous laisser séduire.

Jessica Harnois

Présidente de Vins au féminin
jessicaharnois.com
vinsaufeminin.com
Suivez-moi sur twitter : @Jessharnois

Coup de cœur de Jessica

Cuvée d'ici

Domaine St-Jacques, Sélection de St-Jacques, Saint-Jacques-le-Mineur, Québec 2011

Vin rouge
17,95 $ | SAQ : 11506306

« Un vin d'ici au goût d'ici ! Il égaye les papilles pour nous prouver que "oui", on peut faire de bons vins rouges au Québec. Fruité et facile à boire, c'est délicieux avec un fromage bleu d'Élizabeth. »

Homme d'affaires, Alexandre Marchand est depuis plusieurs années un client régulier des grandes tables québécoises. Il a développé au fil des ans un goût sûr pour le bon vin, se constituant au passage une cave de premier choix, ainsi que des affinités avec les sommeliers, précieux conseillers qui peuvent faire d'un bon repas une expérience extraordinaire.

Mot d'Alexandre

Je suis un passionné du vin. C'est mon père, grand collectionneur, qui m'a initié à la sommellerie. Il m'a aussi fait découvrir qu'un bon vin en est un qui se partage.

J'aime le vin pour les découvertes qu'il permet, pour les discussions qu'il anime, tempère ou suscite, pour les repas qui resteront gravés dans les mémoires, bref, pour tous les moments qu'il donne à partager.

Mais, surtout, j'aime le vin pour ses professionnels, pour ceux et celles qui me parlent avec passion d'un cépage, d'une colline en Toscane, d'un vent frais dans une vallée de l'Oregon ou d'une bouteille qui a changé leur vie. Le Mas la Plana 1997, dégusté avec mon ami Robert Labelle, a réellement changé la mienne. Comme il le dit si souvent, «Le vin n'a d'autre but que d'être bu en agréable compagnie.»

À défaut de pouvoir exercer cet extraordinaire métier, je me laisse guider par la généreuse érudition des sommeliers, séduire par leurs sélections, et c'est en leur honneur qu'aujourd'hui je lève mon verre.

Alexandre Marchand

Suivez-moi sur twitter : @Alexmarchand1

Sélection d' Alexandre

$

Peña Roble Joven Roble, Bodegas Resalte de Peñafiel, Ribera del Duero, Espagne 2011

Vin rouge
18,95 $ | Activin

« Ce vin qui passe seulement 3 mois en barriques de chêne a beaucoup de corps, de complexité et de structure. Il sent les fruits noirs, le cacao, la vanille et les épices, avec une bouche de fruits rouges et noirs confits. Un très bon tempranillo à un excellent rapport qualité-prix. »

Paella traditionnelle avec poivron rouge, chorizo, poulet, crevettes et calmars.

$$

Catena Malbec, Mendoza, Argentine 2012

Vin rouge
21,95 $ | SAQ : 00478727

« Un vrai coup de cœur, avec ses arômes de fleurs, de prunes et de chocolat offrant une texture souple et puissante. Doté de tannins charnus, il goûte la groseille, le cassis et le poivre noir épicé avec une superbe finale. Un très bon vin pour les soirs de semaine et pour découvrir les vins argentins. »

Bavette de bœuf grillée marinée à la moutarde de Dijon avec patates rondes au thym sur le barbecue.

$$$

Silver Oak, Cabernet Sauvignon, Alexander Valley, États-Unis 2007

Vin rouge
80,50 $ | SAQ : 11473399

« Je suis tombé amoureux de ce vin lors de ma première visite au vignoble à Napa Valley. C'est le vin des belles soirées sur le bord du fleuve avec la famille. Au nez, on a des fruits rouges, la cerise et le chocolat noir. En bouche, il est long, avec de beaux tannins. On y retrouve principalement des notes de mûres, de framboises et de vanille. »

Cuisse de canard confite avec champignons sautés à la fleur d'ail, salade de roquette avec huile d'olive, citron et parmesan.

Cuvée d'ici

Henry of Pelham, Réserve Short Hills Bench Riesling, Péninsule du Niagara, Ontario 2010

Vin blanc
16,90 $ | SAQ : 00283291

« Fait de Riesling, est parfait pour commencer la soirée. Un vin frais et croustillant avec des notes de pommes, d'agrumes et des arômes légers d'épices. Un vin d'une agréable fraîcheur avec une belle et longue finale. »

Huîtres avec une touche de citron. Parfait pour un après-midi entre amis sur le bord de la piscine.

Qu'est-ce que l'ACSP ?

L'Association canadienne des sommeliers professionnels - section Québec (ACSP-Québec) représente le Québec dans l'association pancanadienne regroupant les professionnels du vin et de la restauration, et tous les connaisseurs qui partagent ses valeurs. L'ACSP est rattachée à l'Association de la Sommellerie Internationale (ASI), dont le siège est à Paris et qui compte 54 pays membres et observateurs.

Depuis 1989, l'ACSP jouit d'un rayonnement international, notamment par sa participation au Concours du Meilleur Sommelier du Monde. La présence de la sommellerie canadienne sur la scène internationale est renforcée par la nomination de ses membres sur différentes commissions de l'ASI.

Afin de poursuivre sa mission, l'ACSP soutient les manifestations relatives aux vins et spiritueux, diffuse de l'actualité sur le vin au Canada, encourage ses membres à se perfectionner et favorise les rencontres entre les membres, les propriétés et les professionnels du négoce dans le but de faire connaître les vins et spiritueux de qualité de tous les pays producteurs.

Parmi ses missions et mandats particuliers, l'ACSP-Québec :

- Regroupe les sommeliers professionnels du Québec et valide leur expertise par une accréditation annuellement renouvelable.

- Collabore avec les différents organismes de formation en sommellerie.

- Organise le Concours du Meilleur Sommelier du Québec, et, à tour de rôle avec les autres provinces, le Concours du Meilleur Sommelier du Canada.

- Soutient les candidats québécois et canadiens lors des concours internationaux.

- Fait la promotion de la profession auprès des propriétaires et dirigeants d'établissements hôteliers et de restauration.

Tout au long du livre, vous pourrez reconnaître les sommeliers membres de l'Association de la Sommellerie Internationale grâce à la grappe de raisin accolée à leur nom, effigie de reconnaissance internationale de l'ASI.

Romain Gruson
Sommelier et Président de l'ACSP-Québec
sommelierscanada.com/divisions/quebec

Cette année, l'ACSP-Québec est particulièrement fière de souligner les réalisations de l'une de ses membres, Véronique Rivest, qui a remporté la deuxième position lors de l'édition 2013 du Concours ASI du Meilleur Sommelier du Monde. Toutes nos félicitations à la talentueuse sommelière !

Il nous fait plaisir de mettre de l'avant ses quatre coups de cœur vinicoles de l'année ; à vous maintenant de les découvrir...

$

Vina Caliterra, Caliterra Reserva, Sauvignon Blanc, Chili

Vin blanc
12,75 $ | SAQ : 00275909

« Un délicieux vin chilien qui ne déçoit jamais. Juteux et croquant à la fois, simple et sans artifice. En plus : bouteille légère, capsule à vis et étiquette faite de matières recyclées. Bon, pas cher, et écolo ; que demander de plus ?! »

Poisson frais.

$$

Clos de la Briderie, Touraine Mesland, Vallée de la Loire, France 2011

Vin rouge
16,40 $ | SAQ : 00977025

« Un cru de la Loire à base de cabernet franc, de cot (malbec) et de gamay, aux arômes de fruits rouges, de cèdre et de poivre. Archi sec, frais, gourmand, d'une immense buvablité, et bio avec ça ! Tout simplement du bon jus. »

Charcutteries.

$$$

Alvaro Palacios, Gratallops, Priorat, Catalogne, Espagne 2010

Vin rouge
53,00 $ | SAQ : 11337936

« Un tour de force sur le plan de l'équilibre générosité et finesse. Hyper complexe, dense et riche, mais aussi d'une grande fraîcheur avec ses notes de fleurs, de garrigue et la minéralité qui marque les grands terroirs du Priorat. Un grand vin qui mérite d'être passé en carafe ou mis en cave de 6 à 8 ans. »

Bavette de bœuf.

Cuvée d'ici

Cidrerie du Minot, Du Minot Brut, Montérégie, Québec 2010

Vin de dessert et autres
15,90 $ | SAQ : 00733386

« Demi-sec, avec seulement 7 % d'alcool, des arômes tout en finesse de compote de pommes et de fleurs blanches, une texture caressante, et une grande fraîcheur. Très bon pour l'apéro, tout comme avec un plateau de fromages ou de charcuteries. C'est aussi un vrai délice au brunch, avec des crêpes ou même des cretons »

Tarte Tatin aux pommes !

Jean Authier

Colossal et imposant, il est le doyen de ce guide! Il a ouvert la route des vins à plusieurs. Tous les grands amateurs devraient le côtoyer.

FORMATION

Jean Authier possède des certifications en sommellerie de l'ITHQ. Il a participé à plusieurs séminaires et visité un grand nombre de vignobles, tant en Europe que dans les nouveaux pays producteurs.

PARCOURS PROFESSIONNEL

Il a débuté sa carrière en 1978 à L'Auberge La Pinsonnière, dont il est le fondateur.

AU-DELÀ DU RESTO

La cave à vin de La Pinsonnière a fait l'objet de reportages dans des publications du Québec et d'Europe, dont *Le Monde* et *Le Figaro*. M. Authier a également été accueilli au sein de plusieurs confréries viticoles.

UNE DÉGUSTATION MÉMORABLE
Domaine de la Romanée-Conti, Romanée-Conti, Côte de Nuits, Bourgogne, France 1978

Ce vin mythique, confie Jean Authier, l'a invité à oublier tous ceux qu'il avait dégustés auparavant. Le précieux flacon (et c'est le cas de le dire : celui-ci valait 25 000 dollars au moment de sa dégustation en 2008!) avait été soigneusement gardé en réserve pour célébrer les 30 ans de fondation de La Pinsonnière et de l'élixir millésimé 1978. «Ce fut une dégustation inoubliable, relate le sommelier. Des tannins très fondus, tout en finesse, de délicates notes de fruits rouges et d'aubépine. Il avait gardé encore une très belle fraîcheur.»

La Pinsonnière

lapinsonniere.com

124, rue Saint-Raphaël, La Malbaie, Qc G5A 1X9

418 665-4431
pinsonniere@relaischateaux.com
ja@lapinsonniere.com

Située dans la splendide région de Charlevoix et membre des Relais & Châteaux, l'Auberge La Pinsonnière propose une fine cuisine québécoise d'inspiration française. Dans une ambiance feutrée, le service est assuré par une brigade complète incluant maître d'hôtel, chef de cuisine, sommeliers, chef de rang et commis de suite. Le restaurant de 60 places offre une vue imprenable sur le Saint-Laurent.

ORIENTATION VIN

La carte comprend près de 10 000 bouteilles sous 750 étiquettes, dont 50 % en provenance de la région bordelaise. La raison en est simple : Jean Authier adore les vins de Bordeaux de longue garde pour leur qualité et leur grande complexité. Riche en grands crus et en vins rares, la cave à vin de La Pinsonnière est honorée année après année par le «Best of Award of Excellence» du magazine *Wine Spectator*.

COMPOSITION DE LA CARTE DES VINS

60 % France, 15 % Italie, 5 % Espagne,
5 % Chili, 5 % États-Unis, 10 % autres pays

Importations privées : 25 %
Offerts à la SAQ : 75 %

Sélection du sommelier

$

Torres, Sangre De Toro,
Catalunya, Espagne 2011

Vin rouge
13,25 $ | SAQ : 00006585

« Ce vin offre une agréable puissance aromatique, sur de belles notes de fruits rouges mûrs, avec de fines notes boisées et d'épices. Les tannins souples apportent en bouche une agréable fraîcheur et une note mentholée en finale. »

Canard en cuisson lente, gastrique aux bleuets, polenta crémeuse et chips de patate douce.

$$

Bouchard Père & Fils, Mâcon,
Bourgogne, France 2011

Vin rouge
15,85 $ | SAQ : 00041350

« Un vin d'une belle souplesse, qui s'ouvre sur des notes d'épices douces et de fruits rouges, telles la fraise et la framboise. La bouche reste souple et fraîche, avec une note légère de réglisse. Un rouge idéal à servir avec du poisson. »

Aiglefin, tombée de fenouil flambé au pastis, tuile au parmesan et sésame.

$$$

Château Maucaillou, Moulis,
Bordeaux, France 2009

Vin rouge
35,25 $ | SAQ : 11350137

« Ce vin présente un nez complexe et subtil, où se révèlent des arômes de framboise, de cassis, de myrtille et de cerise. La bouche est onctueuse, solide et ample, avec une certaine longueur. Les tannins bien fondus par l'élevage confèrent à ce Médoc une belle aptitude au vieillissement. »

Noix de gîte Rossini et ses petits légumes.

Cuvée d'ici

Vignoble Carone, Venice Pinot
Noir, Lanaudière, Québec 2010

Vin rouge
36,00 $ | SAQ : 11345258

« D'une belle complexité, ce pinot offre des arômes de fruits rouges et noirs mûrs, avec des notes d'épices, de cacao, de tabac. Les tannins sont souples, raffinés et d'une belle fraîcheur. Sa finale a des accents de réglisse et de menthe. »

Agneau en cuisson lente, purée de pommes de terre douces, tombée de trio de betteraves, jus au foie gras.

Marc Beaudin

Fier représentant du Pied de Cochon, cet amoureux du vin incarne le mâle à plein nez. Sa carte éclatée est tout simplement remarquable.

FORMATION

Marc Beaudin a fait ses classes comme barman au Théâtre du Nouveau Monde pendant qu'il terminait un baccaulauréat aux HEC en finance.

PARCOURS PROFESSIONNEL

Il s'est associé à Martin Picard pour créer le restaurant Au Pied de Cochon. Après le départ du sommelier Philippe Poitras, il a pris le relais et gère maintenant la cave de garde de l'établissement.

AU-DELÀ DU RESTO

Il se décrit comme un épicurien qui adore manger dans les restos et profiter de la vie. Animés d'une même passion pour leur métier, les partenaires du Pied de Cochon aiment passer du temps ensemble, et ce notamment lorsqu'ils se retrouvent tous deux à la cabane à sucre du Pied de Cochon. Cette tablée saisonnière, sise à Saint-Benoît de Mirabel, connaît un beau succès depuis son ouverture, il y a cinq ans.

UNE DÉGUSTATION MÉMORABLE
Domaine de la Romanée-Conti, La Tâche, Bourgogne, France

Marc Beaudin a un vin fétiche et pas n'importe lequel, puisqu'il provient du domaine de la Romanée-Conti : « J'ai eu la chance de le boire pour la première fois au resto en compagnie de Martin. Je ne peux pas choisir un millésime car toutes les années sont bonnes pour un grand cru ! C'est un incontournable qu'il faut déguster au moins une fois dans sa vie. »

Au Pied de Cochon

restaurantaupieddecochon.ca

536, rue Duluth Est, Montréal, Qc H2L 1A9

514 281-1114
aupieddecochon@qc.aira.com
marcb@restaurantaupieddecochon.ca

Dans une ambiance conviviale, le chef Martin Picard propose une cuisine qui se distingue par son approche authentique et originale du terroir québécois. Outre la fameuse poutine au foie gras, on y trouve viandes et poissons apprêtés de façon décadente. En 2013, la Cabane à Sucre Au Pied de Cochon s'est illustrée en remportant un « Gourmand World Cookbook Award » grâce à un livre de cuisine mettant en vedette le sirop d'érable.

ORIENTATION VIN

La cave de garde du restaurant regorge de vins bourguignons, pour la plupart des rouges. Elle contient aussi des vins de la vallée du Rhône et de la Loire. Le truc de Marc Beaudin pour proposer de belles trouvailles à ses clients : « boire des vins trippants tous les jours ! » Quant à la Cabane à Sucre, on peut affirmer sans risquer de se tromper qu'elle est la seule à proposer des crus de la Romanée-Conti, en plus des vins du Beaujolais et des magnums à partager en groupe.

COMPOSITION DE LA CARTE DES VINS

80 % France, 10 % Italie,
10 % autres pays

Importations privées : 90 %
Offerts à la SAQ : 10 %

Sélection du sommelier

$

Domaine Ostertag, Pinot Gris Barriques, Alsace, France 2011

Vin blanc
29,20 $ | SAQ : 00866681

« J'adore toutes les cuvées élaborées par Ostertag, surtout son Silvaner et son Pinot Gris Barriques. Ils sont tellement bons qu'ils s'envolent rapidement. Le Pinot Gris est délicat et racé, avec des notes de minéralité prononcées. Un vin passe-partout, il est bon avec tout ! »

Plateau de fruits de mer (pattes de crabe, homard et crustacés).

$$

Yves Cuilleron, L'Amarybelle, Saint-Joseph, France 2010

Vin rouge
38,50 $ | SAQ : 11824662

« Si on aime la vraie syrah, on opte pour les vins de Cuilleron ! Celui-ci est typique avec un nez explosif de poivre noir fraîchement moulu. On y sent la violette et l'animal. Un vin masculin qui a de la gueule. »

Magret de canard en conserve et foie gras.

$$$

Domaine Denis Mortet, Vieilles Vignes, Gevrey-Chambertin, Bourgogne, France 2010

Vin rouge
93,75 $ | SAQ : 11785376

« Martin et moi, on adore le Gevrey-Chambertin de Denis Mortet, producteur iconique de la Bourgogne. C'est un incontournable. On y retrouve des fruits rouges, une superbe structure et une finale tout en dentelle malgré la matière tannique serrée et dense. »

Côtes levées de bison.

Cuvée d'ici

Stratus Red, Péninsule du Niagara, Ontario 2010

Vin rouge
45,50 $ | SAQ : 11574430

« Cet assemblage de cabernet sauvignon, de cabernet franc et de merlot est superbe ! Évidemment, j'aime beaucoup aussi les vins de Norman Hardie, mais je trouve que Stratus produit des vins fiables et canon pour le prix. Une cuvée aux allures bordelaises qui vaut son pesant d'or. »

Tartare de cerf.

Marie-Josée Beaudoin

Son rire a tellement de charme. Avec elle, vous ferez de belles découvertes. Cette fille chaleureuse est aimée de tous !

FORMATION

Marie-Josée Beaudoin est diplômée de l'ITHQ en gestion hôtelière et a suivi une formation de sommelier-conseil à l'Université du Vin de Suze-la-Rousse en France.

PARCOURS PROFESSIONNEL

Avant Les 400 Coups, elle a travaillé dans plusieurs établissements : le Fairmont Empress Hotel de Victoria (Colombie-Britannique), Chez L'Épicier, Vauvert, Laloux et Newtown.

AU-DELÀ DU RESTO

Marie-Josée Beaudoin a été choisie comme finaliste au concours Femmes du Vin à Paris en 2011, événement qui lui a permis de rencontrer d'autres femmes travaillant dans le milieu du vin. Grâce à son métier, elle a pu voyager et faire la connaissance de vignerons passionnés et inspirants en Californie, en Italie, en France et en Argentine.

UNE DÉGUSTATION MÉMORABLE
Chartron et Trébuchet, Meursault, France

La première fois qu'elle a bu du vin, Marie-Josée Beaudoin avait environ 15 ans. C'était à l'occasion d'une fête de Noël, en compagnie de son père. « J'avais l'impression que je n'aimerais pas ça, raconte-t-elle. C'était un Meursault de Chartron et Trébuchet et j'ai adoré. Un nouveau monde venait de s'ouvrir à moi ! » Cette première dégustation a marqué le début de son apprentissage du monde vinicole.

Les 400 Coups

les400coups.ca

400, rue Notre-Dame Est, Montréal, Qc H2Y 1C8

514 985-0400
info@les400coups.ca

Situé dans le cœur du Vieux-Montréal, le restaurant Les 400 Coups compte 54 places. Dans un décor sobre et chaleureux, les deux chefs Marc-André Jetté et Patrice Demers proposent une cuisine avec des accents raffinés misant autant que possible sur les produits locaux.

ORIENTATION VIN

La carte des vins est pensée en fonction du menu : à l'abondance de poissons et de fruits de mer qu'il comporte répond ainsi un choix de plusieurs vins blancs. Les viandes offertes étant plutôt délicates, la carte propose aussi une sélection de vins rouges dont le tannin n'est pas trop prononcé. L'hiver, elle s'enrichit de vins réconfortants et généreux, issus par exemple du sud de la France ; l'été, on y retrouvera des rouges plus légers et frais, tels ceux de la Loire. Marie-Josée Beaudoin sélectionne les vins en collaboration avec William Saulnier : tous deux privilégient les petits producteurs qui travaillent dans le respect de la nature, que ce soit en agriculture raisonnée, biologique ou en biodynamie.

COMPOSITION DE LA CARTE DES VINS

60 % France, 20 % Italie, 10 % Espagne,
5 % Canada, 5 % autres pays du Nouveau Monde

Importations privées : 85 %
Offerts à la SAQ : 15 %

Sélection du sommelier

$

Parés Baltà, Cava Brut,
Catalogne, Espagne
Vin mousseux
15,95 $ | SAQ : 10896365

« J'adore les bulles et je crois qu'on
ne devrait jamais attendre les
grandes occasions pour ouvrir une
bouteille de mousseux ! Donc, un
cava sec, frais et légèrement fruité
à 15 $ me semble l'apéro parfait
pour toutes les petites occasions. »

En apéro, avec des huîtres ou
des pétoncles Princesse et un trait
de citron.

$$$

Donatella Colombini,
Cenerentola, Orcia, Toscane,
Italie 2010
Vin rouge
40,00 $ | Société Roucet

« Ce vin provient d'une petite
appellation voisine de Brunello di
Montalcino. La productrice réussit
à créer des vins à la fois puissants
et élégants, probablement parce
qu'elle a décidé d'employer seulement
des femmes sur son domaine ! J'ai
toujours un de ses vins à la carte. »

Plats assez goûteux et un peu épicés,
comme le magret de canard ou un
gigot d'agneau.

$$

Achaval Ferrer, Malbec,
Mendoza, Argentine 2011
Vin rouge
25,00 $ | SAQ : 11473268

« Ce vin rouge d'Argentine est
clairement mon malbec préféré.
Je l'ai découvert en 2007, lors
d'un voyage dans ce pays avec
ma grande amie et sommelière
Marie-Hélène Desjardins. La maison
Achaval Ferrer produit des malbecs
avec une belle concentration et
sans trop de boisé. »

Grillades sur le barbecue.

Cuvée d'ici

Domaine Les Brome,
Réserve St-Pépin, Québec
Vin blanc
33,00 $ | SAQ : 10919723

« Le domaine Les Brome est, selon
moi, un des meilleurs du Québec.
J'aime particulièrement leurs vins
blancs, où on retrouve toujours une
belle minéralité. La première fois que
je l'ai dégustée, cette cuvée m'a fait
penser à un vin de Bourgogne, et
j'aime bien la faire goûter à l'aveugle
pour surprendre mes clients. »

Poisson assez riche (omble chevalier,
saumon, truite) servi avec une
sauce citronnée et iodée.

Jérôme Beloeil

Un sommelier attentionné et polyvalent. On aime sa carte originale et en constante évolution. Monsieur Bar à Vin, c'est lui !

FORMATION

Jérôme Beloeil possède une mention complémentaire en sommellerie de l'École Hôtelière Alexandre Dumas à Strasbourg.

PARCOURS PROFESSIONNEL

Il a été barman et sommelier dans plusieurs établissements de Savoie et d'Alsace (Le Charlie's, Le Parc, Le Chabichou), où il a également travaillé comme représentant pour l'agence Koehler. Après avoir occupé les postes de chef de rang et de responsable de salle aux restaurants Europea (Montréal) et Le Petit Bistrot (Madrid), il est devenu sommelier-gérant du BU – Bar à Vin.

AU-DELÀ DU RESTO

Jérome Beloeil a obtenu une quatrième place dans la grande finale nationale du concours Mumm (France) en tant qu'élève de mention sommellerie.

UNE DÉGUSTATION MÉMORABLE
Domaine Ray-Jane, Bandol, France 1989

Alors qu'il était stagiaire dans un établissement du Var, il a eu la chance de visiter le domaine Ray-Jane, où il a pu déguster plusieurs Bandol en présence du propriétaire. Puis est venu le millésime 1989 : « C'était un vin d'une telle puissance, charnu mais suave et tendre à la fois, aux tannins fondus et élégants... Malgré son âge avancé, il avait gardé une vivacité, une fraîcheur... Dans mon souvenir se mêlent une grande complexité d'arômes de petites framboises et de sous-bois, légèrement réglissés et épicés, qui me faisaient passer par une superbe vague d'émotions... » Depuis, sa passion pour le vin n'a jamais quitté sa vie.

BU - Bar à Vin

bu-mtl.com

361, rue Bernard Ouest, Montréal, Qc H2V 4H3

514 495-8258

bu.baravin@gmail.com

Avis aux habitués du BU : c'est maintenant sur la rue Bernard que vous pouvez déguster la savoureuse cuisine de ce charmant bar à vin. Tout comme par le passé dans ses locaux du Mile-End, l'équipe du BU propose des assiettes conçues pour être partagées de façon conviviale, qui se déclinent également en plats principaux, ainsi qu'une importante sélection de vins, dont une trentaine au verre. Nouveauté à découvrir : le BU inclut maintenant un volet œnothèque, où il est possible de se procurer des vins à ramener à la maison.

ORIENTATION VIN

Les vins de France et d'Italie occupent une place de choix dans la carte qui compte plus de 450 références. Les autres pays de l'Ancien Monde (Espagne, Allemagne, Autriche, Slovénie, Suisse, Grèce, Turquie, Liban…) y sont aussi représentés, de même que le Nouveau Monde (Amériques, Australie, Nouvelle-Zélande, Afrique du Sud…). Les classiques côtoient les vins de niche et ceux de petits producteurs talentueux. Un penchant pour les vignobles qui expriment leur terroir se traduit par une sélection grandissante de vins nature ou réalisés en biodynamie.

COMPOSITION DE LA CARTE DES VINS

40 % France, 35 % Italie, 10 % autres pays d'Europe, 15 % Nouveau Monde

Importations privées : 85 %

Offerts à la SAQ : 15 %

Sélection du sommelier

$

Domaine Henri Naudin-Ferrand,
Bourgogne Aligoté, France 2011
Vin blanc
17,20 $ I SAQ : 11589703

« Nous avons là un vin blanc sec,
délicat et gouleyant, qui présente
un excellent rapport qualité/prix.
Un nez frais de pommes et de fleurs
blanches, souligné par une vibrante
tension minérale. Une belle texture
animée en finale, supportée par une
grande fraîcheur, stimulera les
papilles ! »

Tartare de saumon au thé lapsang
et compote de fenouil, ou salade
de pieuvre.

$$$

Domaine Comte Abbatucci,
cuvée Faustine rouge,
Ajaccio, Corse, France 2010
Vin rouge
28,85 $ I SAQ : 11930060

« Ce très beau représentant de la
Corse est conçu avec les cépages
sciacarello et nielluccio. C'est un vin
puissant, doté d'une belle matière et
d'une fraîcheur incroyable qui lui
procure finesse et élégance... Il
présente un nez de fruits noirs et de
baies sauvages, des notes légèrement
herbacées et de tabac. La finale est
délicatement poivrée et épicée. »

Filet de porc, pommes flambées au
marsala et tapenade d'olives noires.

$$

Casanova di Neri, Rosso di
Montalcino, Toscane,
Italie 2010
Vin rouge
24,15 $ I SAQ : 10335226

« Ce petit frère de l'incroyable
Brunello du domaine offre un plaisir
immédiat avec un nez expressif de
cerise noire et de cassis, mêlé d'épices
douces et de réglisse noire. C'est un
vin enrobant, riche et puissant. Le
tout est équilibré par une fine acidité
qui lui confère une finale longue et
fraîche. Un vrai régal ! »

Contrefilet de bison accompagné
de ses portobellos grillés et de sa
sauce demi-glace.

Cuvée d'ici

Vignoble Les Vents d'Ange,
Cuvée Catherine,
Saint-Joseph-du-Lac,
Québec 2010
Vin blanc
15,50 $ I Sublime
Vins & Spiritueux

« Ce vin blanc composé de Kay Gray
et de Prairie Star nous permet de
découvrir de manière agréable des
cépages typiques du Québec. Demi-sec
aromatique, il possède des notes
miellées, de pêche et de litchi, et
une finale délicatement fumée et
citronnée. Le tout équilibré par une
acidité franche. Superbe ! »

À déguster frais à l'apéritif avec
un assortiment de charcuteries.

Simon Bergeron

Les nœuds papillon sont sa marque de commerce! Curieux et épicurien, il aime faire voyager sa clientèle dans le resto le plus réputé de Trois-Rivières.

FORMATION

Simon Bergeron possède un diplôme en sommellerie (ASP) de l'École hôtelière des Laurentides.

PARCOURS PROFESSIONNEL

Il a travaillé au bar à vin De la Coupe au Livre, à Trois-Rivières, puis au restaurant Poivre Noir, où il a gravi les échelons jusqu'au poste de sommelier en chef.

AU-DELÀ DU RESTO

Grand amateur de fines bulles, il a été intronisé Chevalier de l'Ordre des Coteaux de Champagne, un regroupement voué à la promotion des vins de Champagne en action depuis la seconde moitié du XVIIᵉ siècle.

UNE DÉGUSTATION MÉMORABLE

Champagne Salon, Le Mesnil Blanc de Blancs Brut, Champagne, France 1999

Lors de sa réception comme Chevalier de l'Ordre des Coteaux de Champagne, Simon Bergeron se trouvait à la table des invités de M. Didier Depond, président des maisons Salon et Delamotte. Il a pu déguster alors un magnifique Champagne Salon servi en magnum : « Servi côte à côte avec un Cristal de Roederer, le Salon a été l'expérience d'une vie. Le premier nez plongé dans le verre, je l'ai vite retiré, la bulle étant trop puissante. La bouche était pleine de tension, de minéralité, je ne me souvenais pas avoir bu quelque chose de semblable. J'ai vite réalisé toutes les années de vieillissement qui s'ouvraient devant ce champagne. »

Poivre Noir

poivrenoir.com

1300, rue du Fleuve, Trois-Rivières, Qc G9A 5Z3

819 378-5772
info@poivrenoir.com

Située aux abords du Saint-Laurent, la salle à manger du Poivre Noir peut accueillir 75 convives et offre une vue imprenable sur le fleuve. Le restaurant possède également une terrasse et une salle de conférence. Le Poivre Noir propose une cuisine créative et audacieuse, où fusionnent les traditions françaises et les fines gastronomies du monde. Le restaurant s'approvisionne essentiellement auprès d'artisans, d'agriculteurs et d'éleveurs locaux.

ORIENTATION VIN

Simon Bergeron a élaboré sa carte afin qu'elle épouse la cuisine du Poivre noir. Elle renferme ainsi des vins variés qui s'accordent avec chacune des harmonies du menu. Elle cherche aussi à satisfaire les nouvelles tendances et les demandes de la clientèle, en plus d'offrir des vins de renom et quelques «douces folies personnelles» du sommelier.

COMPOSITION DE LA CARTE DES VINS

51 % France, 15 % Italie, 9 % Canada, 8 % États-Unis, 5 % Australie, 5 % Espagne, 7 % autres pays

Importations privées : 95 %
Offerts à la SAQ : 5 %

Sélection du sommelier

$

Domaine du Vissoux,
Les Griottes, Beaujolais,
France 2011

Vin rouge
16,95 $ | SAQ : 11259940

« C'est un vin de plaisir, un vin qu'on
veut boire autour de l'îlot entre
amis. Nez classique de beaujolais,
en fraîcheur, sur des petits fruits
rouges et des notes de poivre. Rien
n'accroche, tout coule. La bouteille
se termine sur un constat tout
simple : le beaujolais, c'est bon ! »

Assiette de terrines et charcuteries
québécoises fines, avec chutneys ou
confitures légèrement relevées de
poivre.

$$$

Yves Cuilleron, Terres Sombres,
Côte-Rôtie, France 2010

Vin rouge
93,00 $ | Exclusivité du Courrier
Vinicole de la SAQ : 11842027

« Année après année, il n'y a rien
comme un bon côte-rôtie pour se
réconcilier avec le vin. En bouche, ce
vin se déploie comme de la soie
rebelle. Sa finesse ne tient qu'à un fil,
jusqu'à ce que les tannins s'installent
et s'accrochent après deux ou trois
gorgées, sans jamais déranger le
palais. Une pure merveille ! »

Bœuf Wagyu flanqué d'une sauce à
base d'huile et de lardons fumés,
champignons sauvages de saison.

$$

Domaine de Bellivière,
Eric Nicolas, Prémices,
Jasnières, Loire, France 2010

Vin blanc
24,50 $ | SAQ : 11463140

« Ce vin est totalement féminin,
charmeur et racoleur. Il a un nez
envoûtant de miel, d'amande et de
pomme verte. La bouche est ample ;
on y retrouve juste la bonne dose de
sucre, avec une acidité qui équilibre
la finale. »

Parfait glacé au chèvre, garni de
pistaches, miel et compote de
tomates.

Cuvée d'ici

Domaine & Vins Gélinas, Vin
de glace Signature,
Saint-Sévère, Québec (200 ml)

Vin de dessert
32,00 $ | Domaine & Vins Gélinas

« Qui aurait cru qu'il existait un
domaine de renom, vainqueur d'une
double médaille d'or, à 40 minutes
de Trois-Rivières ! Le nez est tropical,
et la concentration rappelle même
une certaine forme de sucre doré.
En bouche, l'équilibre réussi entre
sucre et acidité représente un tour
de maître. »

Terrine de foie gras d'oie au vin de
glace, dôme gélifié à la mangue et
coulis de chicoutai.

Karl
Blain-Monet

Ce jeune sommelier hyper sympathique nous donne le goût de boire du vin ! Généreux en conseils, il vous fera voyager en respectant votre budget et vos goûts.

FORMATION

Karl Blain-Monet possède une formation professionnelle en sommellerie de l'ITHQ.

PARCOURS PROFESSIONNEL

Sommelier de la relève récemment diplômé, il en est encore au tout début de sa carrière : le restaurant Van Horne est le premier établissement où il exerce ses talents de sommelier.

AU–DELÀ DU RESTO

Lors de ses études à l'ITHQ, il a gagné la bourse Magnani-Montaruli grâce à laquelle il a pu suivre une formation de deux semaines à ALMA, la Scuola Internazionale di Cucina Italiana, située près de Parme, en Italie.

UNE DÉGUSTATION MÉMORABLE
Julien Courtois, Originel, Vin de France 2009

Avec cette cuvée, Karl Blain-Monet goûtait pour la première fois un vin issu du cépage romorantin et d'un petit producteur créant des vins nature. « Je me rappelle encore la complexité de ce vin et son côté *funky*», confie-t-il. Cette initiation lui a donné envie de découvrir des cépages moins familiers ainsi que d'autres petits producteurs travaillant de la façon la plus naturelle possible. Comme sommelier, il recherche avant tout des vins faciles à boire, qui n'exigent pas de savantes explications pour être savourés, autrement dit, des vins frais, équilibrés et bons en bouche.

Restaurant Van Horne

vanhornerestaurant.com

1268, avenue Van Horne, Montréal, Qc H2V 1K6

514 508-0828

eat@vanhornerestaurant.com

Situé à Outremont, le Van Horne est un petit restaurant de 30 places, dont les murs sont ornés d'objets hétéroclites, telles des portes en plâtre et en miroirs du pavillon de l'Iran à Expo 67, des assiettes en papier de Roy Lichtenstein, le Picasso de Richard Bernstein, Bill le totem et autres trouvailles. La cuisine du chef John Winter Russell s'inspire de l'approche dite « du futur », axée sur l'utilisation de produits locaux et de saison, dans leur entièreté et le respect de leurs propriétés. Elle consiste ainsi à agencer saveurs et textures, en alliant la rusticité au raffinement.

ORIENTATION VIN

Karl Blain-Monet s'est donné comme objectif de bâtir une carte des vins présentant surtout des domaines bio. Malgré la taille relativement réduite de la carte, un grand nombre de pays y sont représentés et, pour la France et l'Italie, un grand nombre de régions. « Je cherche à l'adapter aux saisons, de même qu'aux inspirations du chef », souligne-t-il.

COMPOSITION DE LA CARTE DES VINS

65 % France, 20 % Italie,
15 % autres pays d'Europe et du Nouveau Monde

Importations privées : 100 %

Sélection du sommelier

$

Bodega Barranco Oscuro,
Blancas Nobles, Andalousie,
Espagne 2010
Vin blanc
22,50 $ | Symbiose Vins et Cie

«Le Blancas Nobles est un vin du sud
de l'Espagne, fait en grande partie à
partir du cépage vigiriega. Il offre une
fraîcheur et une minéralité frappantes,
autant au nez qu'en bouche, ainsi
qu'une longueur soutenue par cette
minéralité. Impossible de boire ce vin
sans vouloir terminer la bouteille.»

Concombre grillé, gingembre sauvage
frit, yogourt au raifort et moules.

$$$

Montesecondo, Passito
Del Rospo, Toscane,
Italie 2009
Vin de dessert et autres
30,25 $ | Vini-Vins

«Ce passito est très aromatique, sur
des notes de caramel, d'érable et
même de pomme. Pour accompagner
le dessert, il est parfait, avec sa petite
touche de sucre, sa belle fraîcheur
et un perlant très agréable à
l'ouverture.»

Panais caramélisés, gâteau aux
amandes, glace au beurre noisette.

$$

Domaine Olivier Pithon, Mon
P'tit Pithon, Vin de pays des
Côtes catalanes, France 2011
Vin rouge
23,03 $ | Plan Vin

«Le nez de ce vin est magnifique,
avec des notes de petits fruits
confits, un côté animal, en plus
d'être épicé. On s'attend à déguster
un vin lourd de soleil et pourtant,
en bouche, ce n'est que du fruit et
de la fraîcheur.»

Cerf rôti, airelles, échalotes, pousses
d'épinette et émulsion d'épinette.

Cuvée d'ici

Domaine Southbrook, Niagara
Peninsula Chardonnay,
Ontario 2010
Vin blanc
35,00 $ | Trialto

«Ce chardonnay, produit juste à
côté, en Ontario, pourrait laisser
croire, à l'aveugle, qu'il vient de
Chablis ou d'une autre grande
appellation de Bourgogne. Ce vin
me permet de surprendre les plus
sceptiques en leur présentant un
produit canadien.»

Topinambours, pommes Cortland,
pleurotes marinées, chips de
tournesol.

Philippe Boisvert

Ce grand sportif se distingue par son amour des vins authentiques. Il transmet sa passion avec une classe et une attitude décontractée qui nous plaisent.

FORMATION

Philippe Boisvert a suivi des cours de dégustation, notamment avec Nick Hamilton. Il possède un baccalauréat en arts et sciences et a commencé une maîtrise en littérature.

PARCOURS PROFESSIONNEL

Il a travaillé aux restaurants Laloux et Cube, puis a peaufiné ses connaissances vitivinicoles en Californie au domaine Terre Rouge avant de devenir sommelier en chef au Club Chasse et Pêche.

AU-DELÀ DU RESTO

Il effectue au moins un voyage vinicole par année en favorisant la France (Bourgogne), l'Espagne (Barcelone) et les États-Unis (New York). Il est allé aussi quelques fois dans la région du Piémont avec ses collègues Hubert Marsolais et Claude Pelletier. Amoureux de musique, il prépare les sélections musicales du restaurant, où il se rend tous les jours en faisant de la course à pied, seule manière selon lui de garder un corps sain et de faire le vide quand on travaille dans la restauration !

UNE DÉGUSTATION MÉMORABLE
Château Latour, Pauillac, Bordeaux, France 1961

Des vins mythiques, il a pu en goûter en plusieurs occasions, car il a officié dans un club de dégustation où des bouteilles incroyables étaient servies : « J'ai eu la chance de découvrir des cuvées d'une grandeur inexplicable, comme ce millésime 1961 du Château Latour, un vin d'une splendeur indescriptible. » Cela dit, ce sont des vins nature, avant que ceux-ci ne deviennent à la mode, qui l'ont rendu amoureux de la sommellerie, et plus particulièrement les cuvées conçues par des vignerons comme Fleury, Groffier, Chave, Métras et Lapierre.

Le Club Chasse et Pêche

leclubchasseetpeche.com

423, rue Saint-Claude, Montréal, Qc H2Y 3B6

514 861-1112

Le chef Claude Pelletier et son associé Hubert Marsolais forment un duo remarquable et ingénieux, toujours à l'affût de moyens de se renouveler pour charmer leurs convives. Leur équipe aguerrie de professionnels offre une expérience hors du commun dans ce lieu presque ténébreux situé dans des caves chargées d'histoire du Vieux-Montréal.

ORIENTATION VIN

Suivant les goûts de Philippe Boisvert, la carte met l'accent sur les vins de la Bourgogne, en cherchant à satisfaire tous les goûts et tous les budgets. Conçue avec la collaboration de Ray Manus, la carte évolue constamment et présente des vins recherchés. La plus grande hantise du sommelier : servir un vin « qui n'est pas à son meilleur, qui n'est pas ce qu'il doit être ». Philippe Boisvert élabore également la carte des vins du restaurant Le Filet, petit frère du Club Chasse et Pêche, avec l'aide de Gaïzka Brassard et de ses collègues sommeliers.

COMPOSITION DE LA CARTE DES VINS

60 % France, 15 % Italie,
5 % Espagne, 20 % autres pays

Importations privées : 60 %
Offerts à la SAQ : 40 %

Sélection du sommelier

$

Domaine de la Cadette,
Jean Montanet, La Châtelaine,
Bourgogne Vézelay,
France 2011

Vin blanc
22,50 $ I SAQ : 11094621

« Quel rapport qualité/prix
exceptionnel, année après année !
On achète les vins du domaine de
la Cadette les yeux fermés. Ils
présentent de beaux fruits croquants,
un style riche et enrobant. J'adore ! »

Poisson grillé servi avec
un filet d'huile.

$$$

Bollinger, Vieilles vignes
françaises, Champagne,
France 1998

Vin mousseux
700,00 $ I LBV International

« C'est un vin culte : un des plus
grands vins que j'ai dégustés au
cours des dernières années.
Riche, brioché et onctueux, il
est tellement bon qu'il va avec
tout ! Cette cuvée me procure
vraiment de grandes émotions ! »

Huîtres au miso ou servies avec
un peu de truffe.

$$

J. L. Chave, Sélection Offerus,
Saint-Joseph, Vallée du Rhône,
France 2010

Vin rouge
29,35 $ I SAQ : 10230862

« Un classique qu'il fait bon boire !
On le sert même au verre, tellement il
est bon et apprécié de notre clientèle.
Avec ses fruits noirs riches sur des
notes épicées de poivre et de cannelle,
c'est de la bombe en bouteille. »

Duo d'agneau avec longe braisée
style « pastillas » avec cumin,
pistaches, raisins de Corinthe,
oignon, fromage de chèvre à
et tomates.

Cuvée d'ici

Pearl Morissette, Black Ball
Riesling, Twenty Mile Bench
VQA, Niagara, Ontario 2010

Vin blanc
23,89 $ I Vinealis

« J'ai eu un grand coup de cœur
pour ce splendide vin du terroir.
J'adore tous les vins que fait
François Morissette sur son domaine.
Celui-ci montre beaucoup de
droiture, de style et de caractère.
Nous sommes fiers de le servir au
verre au restaurant Le Filet. »

Sashimi de cardeau, sauce aux
prunes et wasabi.

Isabel Bordeleau

L'une des étoiles montantes au Québec. Méticuleuse, ordonnée et vraie, Isabel ne se contente jamais de l'avenue facile pour réaliser de bons accords.

FORMATION

Isabel Bordeleau détient une attestation de spécialisation professionnelle en sommellerie de l'ITHQ. Elle a également étudié à l'École du Vin de Bordeaux à l'aide d'une bourse de la Fondation Marc Bourgie.

PARCOURS PROFESSIONNEL

Avant d'entrer à la Maison Boulud du Ritz-Carlton, elle a travaillé au restaurant Aszù et au Local. Outre l'animation d'événements et la publication de chroniques dans le magazine *Signé M*, elle a présenté des capsules vin à l'émission de télévision *Ça va chauffer!*

AU-DELÀ DU RESTO

Isabel Bordeleau a obtenu la bourse SAQ de la Relève en sommellerie qui lui a permis de faire un stage en Nouvelle-Zélande en 2013. Elle a aussi effectué des voyages viticoles dans plusieurs régions de France, au Portugal, en Espagne et en Australie.

UNE DÉGUSTATION MÉMORABLE
Stéphane Tissot, La Mailloche, Chardonnay, Jura, France

C'est grâce à ce vin inusité qu'elle a eu envie de faire carrière dans la sommellerie : « La première fois que j'y ai goûté, je ne pouvais tout simplement pas croire que c'était du chardonnay. Il s'agit d'un vin si particulier, qui possède tellement de caractère, que ça m'a tout simplement renversée. Encore aujourd'hui, je suis fascinée par cette cuvée et par les vins du Jura. »

Maison Boulud

maisonboulud.com/montreal

Ritz-Carlton Montréal,
1228, rue Sherbrooke Ouest, Montréal, Qc H3G 1H6

514 842-4224

Situé dans le cadre fastueux du Ritz-Carlton, le restaurant du chef Daniel Boulud propose une cuisine inspirée de la tradition française et de sa riche expérience new-yorkaise. Recherchée et contemporaine, elle suit les saisons en comptant sur les approvisionnements de fournisseurs québécois. La véranda adjacente à la salle à manger offre une vue splendide sur les jardins paysagés de l'hôtel.

ORIENTATION VIN

La carte des vins de la Maison Boulud compte plus de 500 références. Elle évolue au gré des arrivages, des saisons, des demandes des clients et des trouvailles du moment. Outre des grands classiques et des bouteilles de producteurs de renom, elle renferme des vins intrigants, issus de régions et de cépages moins connus. Le but de cette recherche sans fin de nouveaux trésors, explique Isabel Bordeleau, est de donner envie aux gens de faire de nouvelles découvertes : «Lorsque je sélectionne les vins à mettre sur la carte, j'aime que ceux-ci rendent justice à leur terroir d'origine.»

COMPOSITION DE LA CARTE DES VINS

75 % France, 10 % Italie, 10 % autres pays d'Europe,
5 % Nouveau Monde

Importations privées : 80 %
Offerts à la SAQ : 20 %

Sélection du sommelier

$

La Sœur Cadette, Valentin
Montanet, Bourgogne,
France 2011

Vin blanc
19,60 $ | SAQ : 11460660

« Les raisins de ce domaine situé
à quelques kilomètres de Chablis
sont soigneusement choisis et
la vinification est faite le plus
naturellement possible. Tout ce
travail méticuleux se reflète
pleinement dans cette agréable
cuvée de chardonnay, qui offre un
vin frais, aérien et minéral. »

En apéro ou avec des huîtres.

$$$

Fleury Père et Fils,
Fleur de l'Europe Brut,
Champagne, France

Vin mousseux
70,00 $ | La QV

« Conçue en biodynamie, la cuvée
Fleur de l'Europe est principalement
composée de pinot noir. Elle exprime
des notes de brioche, de miel,
d'acacia et de truffe noire. La bouche
est ronde et ample, la finale, longue
et rafraîchissante. Que du bonheur ! »

Œuf cuit à basse température, avec
persil, champignons des bois, pain
aux noix et truffe du Périgord.

$$

Fratelli Alessandria, Verduno
Pelaverga Speziale, Piémont,
Italie 2011

Vin rouge
24,80 $ | SAQ : 11863021

« Réputé pour ses barolos, Fratelli
Alessandria produit également un
vin à partir d'un cépage oublié et
presque inconnu : le pelaverga
piccolo. On y retrouve des notes
de framboise et de cerise rouge,
de poivre blanc et de violette. Un
vin frais, plutôt léger et vibrant. »

Rigatoni maison au jarret de veau
braisé avec moelle, tomates cerises,
olives vertes et pecorino di Fossa.

Cuvée d'ici

Clos Saragnat, Avalanche,
Frelighsburg, Québec 2009

Vin de dessert et autres
27,40 $ | SAQ : 11133221

« Ce cidre de glace est d'une telle
complexité ! On y retrouve, bien sûr,
des notes de pomme au beurre,
mais aussi d'épices douces et de
sucre d'orge. En bouche, l'équilibre
entre le sucre et l'acidité est
magique. On a juste envie d'y
goûter, et d'y regoûter, encore
et encore. »

Variations autour de l'érable
(crémeux à l'érable, barbe à papa,
glace à l'érable et beurre de
pommes).

Mario Brossoit

Ce pince-sans-rire est un pro qui connaît son resto. Un grand connaisseur de vins français, il sait offrir le meilleur. Avec lui, vous buvez bien pour moins !

FORMATION

Mario Brossoit a suivi un cours d'introduction à la dégustation du vin avec M. Jules Roiseux. Puis sont venus les voyages, les lectures et de nombreuses dégustations, dirigées ou non.

PARCOURS PROFESSIONNEL

Au cours de sa carrière en restauration, il a travaillé exclusivement à L'Express, où il est responsable des achats depuis plusieurs années.

AU-DELÀ DU RESTO

Amateur enthousiaste, il a dirigé le club *Les Millésimes* durant 12 ans. À son avis, le meilleur moyen d'approfondir sa connaissance du vin demeure le partage d'impressions et de perceptions lors des dégustations en groupe : « C'est le moment idéal pour élargir nos horizons, aiguiser nos papilles et notre sens critique. »

UNE DÉGUSTATION MÉMORABLE
Domaine de la Romanée-Conti, Richebourg, Bourgogne, France 1979

Mario Brossoit garde un vif souvenir de ce Richebourg qui côtoyait pourtant des rivaux de taille : « Assis devant mes six verres, bien appuyé au dossier de ma chaise... il y avait là un Margaux, et un Pétrus 1981. Le Richebourg couvrait les arômes réunis de tous ces vins. Il a séduit d'abord mon odorat, puis mon palais, avec le même brio, la même intensité, la même sensualité. C'était une expérience des sens impressionnante et inoubliable... Elle est au-delà des mots... Ah ! la Bourgogne ! »

L'Express

restaurantlexpress.ca

3927, rue Saint-Denis, Montréal, Qc H2W 2M4

514 845-5333

Dans un décor lumineux et une ambiance animée, L'Express propose une cuisine bistro simple, goûteuse et rassasiante. Pensé comme un service public, le restaurant est ouvert de 8 h le matin à 3 h dans la nuit, 364 jours par année. Son objectif demeure la constance, tant dans l'assiette qu'au service : « Nous voulons voir des sourires aux visages de nos clients, qu'ils soient heureux d'en avoir pour leur argent ; et les revoir souvent. »

ORIENTATION VIN

L'impressionnante carte des vins, explique Mario Brossoit, a été conçue patiemment, en suivant ces cinq principes directeurs : développer le secteur des importations privées afin de pouvoir sortir des sentiers battus ; rechercher des produits originaux, des raretés, des appellations nouvelles, en privilégiant les vins digestes, sains, biologiques et biodynamiques ; porter attention au rapport qualité/prix ; choisir des vins assortis à la cuisine du restaurant ; pratiquer une politique de prix avantageuse pour les clients.

COMPOSITION DE LA CARTE DES VINS

75 % France ; 15 % Italie ; 6 % États-Unis ;
2 % Espagne, Portugal et Canada ; 2 % autres pays

Importations privées : 85 %
Offerts à la SAQ : 15 %

Sélection du sommelier

$

Matthieu Cosse, Solis,
Cahors, France 2005

Vin rouge
32,00 $ | Rézin
(en exclusivité pour L'Express)

« Ce cahors est noir comme l'encre, puissant, minéral, tannique et corsé. D'une rusticité sympathique, il est ample et savoureux. Un vin rassasiant ! »

Tartare de bœuf.

$$

Yvon Métras,
Beaujolais, France 2011

Vin rouge
39,00 $ | Rézin
(en exclusivité pour L'Express)

« Le bonheur simple et sincère : franchise et fraîcheur sur un fruit croquant. C'est un véritable vin de soif, fait avec soin, loin des pesticides et autres produits chimiques encore trop souvent utilisés dans la fabrication du vin. »

Croque-monsieur ou saucisses de Toulouse maison.

$$$

Anita, Jean-Pierre et Stéphanie Colinot, Bourgogne rosé, France 2011

Vin rosé
40,00 $ (prix à la carte) |
Le Maître de Chai
(en exclusivité pour L'Express)

« Contrairement à de nombreux rosés qui proposent des parfums de fruits quasi confits et de bonbons, ce rosé goûte le vrai vin. Fait de pinot noir, il est frais et tendu. Il ne manque ni de minéralité, ni de caractère, ni de retenue, ni de finesse. Il est rafraîchissant, digeste et savoureux. »

Risotto de homard ; homard froid avec sa macédoine de légumes ou salade de crevettes ou de crabe.

Cuvée d'ici

Domaine Les Pervenches,
Chardonnay, Farnham,
Québec 2011

Vin blanc
25,00 $ | La QV

« Bien que la viticulture québécoise en soit encore à un stade embryonnaire, son essor n'en demeure pas moins tonique. Le vignoble Les Pervenches compte à mes yeux parmi les *leaders* de ce mouvement. Ce chardonnay bio de belle maturité présente des parfums aux notes de miel et de poire au beurre, avec une finale légèrement anisée. Du beau travail prometteur. »

Poulet à la sauce moutarde ; loup de mer frais.

Xavier Burini

Précurseur du mouvement des vins naturels, ce jeune Français accorde un grand respect aux terroirs. Avec lui, on s'amuse aux Trois Petits Bouchons !

FORMATION

Xavier Burini est titulaire d'une Mention complémentaire en sommellerie du lycée Paul Augier à Nice (France).

PARCOURS PROFESSIONNEL

Avant de fonder Les Trois Petits Bouchons, restaurant dont il est copropriétaire depuis 2006, il a travaillé à La Part des Anges (bistro-cave à vin situé à Nice), au Château de la Chèvre d'Or (restaurant deux étoiles Michelin à Eze Village), ainsi qu'au restaurant Le Cube, à Montréal.

AU-DELÀ DU RESTO

Pour Xavier Burini, le vin est avant tout une aventure humaine. C'est pourquoi il affectionne les rencontres avec des vignerons et apprécie tant les salons des vins, notamment ceux d'Ampuis, de la Cugnette, de la Remise et de la Dive Bouteille.

UNE DÉGUSTATION MÉMORABLE
Dard et Ribo, Crozes-Hermitage, France

C'est en 2002 que Xavier Burini déguste pour la première fois un vin naturel. Après 25 ans de chimie systématique dans la vigne et le chai, explique-t-il, le mouvement des vins naturels avait timidement refait son apparition dans les années 1980, en France comme en Italie, grâce à l'influence positive de certains vignerons qui n'avaient jamais cessé de travailler « comme le bon sens l'exige ». Et malgré ce qu'on dit parfois de ce type de vin, le Crozes-Hermitage de Dard et Ribo l'impressionne par sa buvabilité et sa précision aromatique : « Une syrah unique, qui ne s'oublie pas. »

Les Trois Petits Bouchons

lestroispetitsbouchons.com

4669, rue Saint-Denis, Montréal, Qc H2J 2L5

514 285-4444

info@lestroispetitsbouchons.com

Ce bistro à vins se spécialise dans les vins naturels depuis 2006. Dans le décor intemporel d'un édifice construit en 1885, le restaurant de 48 places propose une cuisine du marché inventive, dans une ambiance décontractée. Sa philosophie culinaire se résume ainsi : « Nous réinterprétons à notre façon ce qui nous semble bon, toujours en accord avec les saisons. »

ORIENTATION VIN

La carte des Trois Petits Bouchons comprend environ 300 références. Ce sont des vins de plaisir, de terroir, des vins vibrants et de partage. Le critère premier de sélection consiste à choisir des vins naturels qui sont bons, stables et bien vinifiés, dans un esprit de pureté, peu importe leur provenance. La composition de la carte varie selon la disponibilité des produits, environ 15 % de celle-ci étant renouvelé chaque semaine.

COMPOSITION DE LA CARTE DES VINS

36 % France, 34 % Italie, 30 % pays variés
(États-Unis, Grèce, Chili, Argentine, Afrique du Sud...)

Importations privées : 99 %
Offerts à la SAQ : 1 %

Sélection du sommelier

$

Domaine du Loup blanc, Soif de Loup, Pays d'Oc, France 2011

Vin rouge
16,35 $ I SAQ : 11154726

« C'est le vin de pique-nique par excellence, vinifié sur le fruit et pour la soif. Il est conçu à partir de chenançon et de tempranillo cultivés en bio. »

À boire seul en apéro, ou avec les charcuteries Fou du Cochon (Kamouraska).

$$$

Stéphane Bernaudeau, Les Nourrissons, VDT Anjou, France 2010

Vin blanc
30,00 $ I Plan Vin

« Ce vin de terroir, à base de chenin, est produit sur un terroir mythique. Malheureusement, on ne le fait qu'en petites quantités... Un exemple de droiture et d'émotion. »

Seul ou avec une tartine de champignons sauvages.

$$

Domaine Vincent Carême, Vouvray, France 2010

Vin blanc
24,15 $ I SAQ : 11633612

« Le Vouvray du domaine Vincent Carême est un vin blanc sec à base de chenin qui est minéral, frais et profond. Au nez, il présente des notes florales et fruitées. En bouche, il est vif et mûr. Il possède une très belle longueur. »

Huîtres ; pétoncles Princesse.

Cuvée d'ici

Domaine Les Pervenches, Chardonnay, Farnham, Québec 2011

Vin blanc
25,00 $ I La QV

« C'est le plus beau vin de terroir du Québec. En plus, il est fait en biodynamie. Un bel équilibre entre le gras et la tension. Un vin d'ici à découvrir ! »

Huîtres Kumamoto de la Colombie-Britannique.

Michel Busch

Une institution comme le Beaver Club se devait d'avoir un maître d'œuvre de ce calibre. Michel Busch a tous les talents. Avec lui, rien n'est impossible.

FORMATION

Michel Busch possède une formation en œnologie et en sommellerie de l'École hôtelière de Strasbourg.

PARCOURS PROFESSIONNEL

Il a travaillé dans plusieurs établissements en France, soit le Grand Hôtel de Dinard ; l'Hôtel Royal, Evian ; l'Hôtel du Palais, à Biarritz ; la Maison des Têtes, à Colmar (deux étoiles Michelin) et le restaurant La Petite France, à Strasbourg (une étoile Michelin). Au Québec, il a travaillé à l'hôtel Le Reine Élizabeth, au Hilton Québec, puis au Beaver Club de l'hôtel Fairmont Le Reine Élizabeth.

AU-DELÀ DU RESTO

En plus des tournois Vegas animés par Jessica Harnois, il a organisé au Beaver Club des dîners vinicoles mettant en vedette des vignerons, maîtres de chai et chefs de cave notoires, dont Miguel Torres, Marc Beyer, Luis Plato, Margarit et Michael Mondavi, Richard Geoffroy, Alain Brumont et Véronique Sanders.

UNE DÉGUSTATION MÉMORABLE

Moët et Chandon, Dom Pérignon Œnothèque Brut, Champagne, France 1975

Le champagne, explique Michel Busch, le rend « invariablement joyeux ». Il a d'ailleurs de bonnes raisons de chérir cette prestigieuse cuvée, puisque c'est grâce à celle-ci qu'il a convaincu sa conjointe de partager sa vie avec lui : « Nous buvions de l'or, les discrètes petites bulles étaient divines et nos cœurs ont chaviré. Depuis, bien d'autres bonnes bouteilles de champagne ont coulé et le bonheur dure toujours. »

Beaver Club

beaverclub.ca
Fairmont Le Reine Élizabeth,
900, boul. René-Lévesque Ouest, Montréal, Qc H3B 4A5
514 861-3511
michel.busch@fairmont.com

Fondé en 1785, le Beaver Club est le plus ancien club gastronomique au pays. Y être invité était déjà à l'époque un privilège convoité tant pour la qualité des plats que celle des précieux liquides qu'on y servait. Sous la gouverne du chef Martin Paquet, cette institution conjugue aujourd'hui tradition et modernité dans un décor élégant, intime, qui invite à la détente grâce à son service chaleureux.

ORIENTATION VIN

Conçue en fonction des attentes de la clientèle, la carte des vins offre un vaste choix de références dans toutes les gammes de prix. Elle privilégie l'Ancien Monde mais renferme également une sélection attrayante de produits du Nouveau Monde. La carte du Beaver Club, dont Michel Busch assure la direction depuis cinq ans, a obtenu la mention «Award of Excellence» du magazine *Wine Spectator*.

COMPOSITION DE LA CARTE DES VINS

50 % France ; 15 % Italie, Portugal et Autriche ;
15 % États-Unis ; 10 % Canada,
10 % autres pays du Nouveau Monde

Importations privées : 10 %
Offerts à la SAQ : 90 %

Sélection du sommelier

$

Léon Beyer, Réserve, Riesling, Alsace, France

Vin blanc
18,60 $ | SAQ : 00081471

« Ce vin blanc vif et fruité, toujours égal à lui-même, joue sur des notes de citron vert. On y retrouve la minéralité caractéristique du cépage, sa texture souple et son acidité plaisante et sans extravagance. Le goût de mon Alsace. »

Floralie de homard et de Saint-Jacques en carpaccio aux agrumes et au gingembre.

$$$

Domaine du Vieux Télégraphe, La Crau, Châteauneuf-du-Pape, Vallée du Rhône, France 2009

Vin rouge
75,75 $ | SAQ : 11818748

« Ce vin où domine le grenache noir exprime des arômes de prune, de cerise et de mûre, ainsi que des flaveurs de réglisse et d'épices douces. En bouche, la puissance et la profondeur sont tempérées par une douceur où se révèlent la framboise et le cassis. Un vin charnu et charnel pour ceux qui aiment la matière. »

Grenadins de marcassin en poivrade aux baies de sureau.

$$

Beni di Batasiolo, Barolo, Piémont, Italie 2008

Vin rouge
29,40 $ | SAQ : 10856777

« Au nez suave de fleurs, de pain d'épices, de fruits rouges et noirs, d'anis et de bois brûlé, s'ajoutent en bouche des notes amples de tabac, de cuir, de compotée de pruneaux, de mûre et de cerise. Les tannins étoffés offrent une belle longueur en finale. Un barolo à un prix très invitant ! »

Bifteck de côte de bœuf Angus Pride grillée sur l'os, sauce chimichurri.

Cuvée d'ici

Pierre Gosselin, Le Clos des Brumes, Cuvée Blé Noir, Québec

Vin de dessert et autres
29,45 $ | SAQ : 00735076

« Voici un hydromel liquoreux, obtenu à partir de miel de fleurs de sarrasin élevé en barrique de chêne, qui dame le pion à bien des cidres de glace. Il présente des notes subtiles de miel, de caramel, d'abricot confit, de vanille, avec des nuances de pain grillé, de tabac et de bois. C'est une merveille du terroir québécois. Surprenant et bouleversant ! »

Parfait de foie gras au torchon et sa crème brûlée au caramel d'argousier ; trilogie de crèmes brûlées à la coque (érable, noix et whisky canadien).

Jean-Michel Cartier

Professionnel et passionné, il met un brin de gaieté dans tout ce qu'il fait. Allez le voir si vous broyez du noir : ce sympathique sommelier a toujours le sourire aux lèvres !

FORMATION

Jean-Michel Cartier est diplômé de l'ITHQ en sommellerie. Il a également passé le troisième niveau de la WSET (Wine and Spirit Education Trust).

PARCOURS PROFESSIONNEL

Avant d'officier à l'Auberge Saint-Gabriel, Jean-Michel a travaillé dans de grands établissements tels que le Fairmont Tremblant et le restaurant Europea.

AU-DELÀ DU RESTO

Le sommelier a effectué plusieurs voyages vinicoles en France, en Italie et au Canada. À l'entendre, on comprend qu'il aime aller à la rencontre de vignerons passionnés, afin de mieux transmettre ensuite leur passion du vin à ses propres clients. Désireux de partager ses découvertes, il a organisé plusieurs événements de dégustation (Osoyoos Larose, Ruinart, Peyre-Rose...).

UNE DÉGUSTATION MÉMORABLE

Le Vieux Pin Winery, Époque, Chardonnay, Vallée de l'Okanagan, Canada 2006

C'est ce vin issu de la vallée de l'Okanagan qui a convaincu Jean-Michel Cartier de devenir sommelier. « C'est une extase à chaque gorgée ! À l'origine, la cuvée Époque est née d'une erreur de fermentation ayant laissé un léger sucre résiduel en fin de bouche, qui apporte des arômes d'ananas, de poire confite, de champignon blanc et de miel, avec une finale des plus veloutées, à faire frémir. » Comme quoi le hasard fait parfois bien les choses !

Auberge Saint-Gabriel

aubergesaint-gabriel.com

426, rue Saint-Gabriel, Montréal, Qc H2Y 2Z9

514 878-3561
info@aubergesaint-gabriel.com

Ce restaurant, bâti en 1688, est le tout premier à avoir obtenu un permis d'alcool en Amérique du Nord. La cuisine pleine d'émotion du chef Éric Gonzalez, l'ambiance décontractée et le décor à la fois historique et moderne confèrent un charme certain à l'Auberge, qui peut accueillir jusqu'à 80 convives.

ORIENTATION VIN

La carte reflète les goûts de Jean-Michel Cartier, et met de plus en plus de l'avant les vins canadiens. « Il y a de vrais bijoux qui font leur entrée au Québec : Orofino, Le Vieux Pin, Blue Mountain, Quail's Gate, Tawse, Pearl Morissette et plusieurs autres. » Pour lui, la clé d'un bon vin est l'équilibre en bouche. Il accorde aussi beaucoup d'importance aux vins respectueux de leur terroir et de l'environnement, mais en notant aussi que le terme « nature » n'est pas nécessairement gage de qualité.

COMPOSITION DE LA CARTE DES VINS

50 % France, 12 % Italie, 15 % États-Unis,
12 % Canada, 1 % Suisse, 10 % autres pays

Importations privées : 87 %
Offerts à la SAQ : 13 %

Sélection du sommelier

$

Charles Smith Wines, Kung Fu Girl, Riesling, Walla Walla Valley, État de Washington, États-Unis 2012

Vin blanc
18,50 $ | SAQ : 11629787

« Ce vin de l'État de Washington est superbe en apéro. C'est un riesling au nez de clémentine, de fleurs blanches et de pétrole ; il est frais et digeste avec une légère sucrosité en fin de bouche. Il est parfait avec les fruits de mer en ceviche. »

Saumon mariné, crémeux de céleri, pomme grenade et clémentine, et mousseux de crustacés.

$$$

Constantia Glen, Constantia Three, Afrique du Sud 2008

Vin rouge
30,00 $ | La Fontaine – Vins & Liqueurs

« Cette récente création de Dominique Hébrard, ce bordelais réputé, est l'un des vins que j'aime le plus faire découvrir à mes clients. Avec des arômes de tabac, de beurre, de truffe et de fruits rouges, il présente un superbe équilibre en bouche et une finale des plus persistantes. »

La paella du chef Éric Gonzalez.

$$

Monte Tondo, Foscarin Slavinus, Soave Superiore Classico, Vénétie, Italie 2009

Vin blanc
25,40 $ | SAQ : 11858951

« Le garganega est un des cépages les plus plaisants à déguster pour sa texture crémeuse et ses notes de fleurs blanches. Le Foscarin Slavinus fait honneur au cépage et offre un grand plaisir gustatif à un superbe rapport qualité/prix. »

Carpaccio d'albacore, zeste de lime et yogourt aux agrumes.

Cuvée d'ici

Orofino Vineyards, Beleza, Vallée de la Similkameen, Colombie-Britannique 2008

Vin rouge
56,25 $ | SAQ : 11593868
(exclusivité SAQ Signature)

« C'est le seul vin de la SAQ qui provient de la vallée de la Similkameen. J'y ai découvert cette cuvée lors d'un voyage en 2006 et c'est celle qui m'a impressionné le plus. Son nez épicé, ses tannins puissants, sa persistance gustative et sa complexité autant au nez qu'en bouche font de ce vin mon plus grand coup de cœur. »

Le chateaubriand de l'Auberge.

Nicolas Charron Boucher

Sa carte amène de la couleur à ce resto minimaliste qu'on adore. Compétent et efficace, il vous séduira avec ses bouteilles rares et originales.

FORMATION

Nicolas Charron Boucher possède une attestation de spécialisation professionnelle en sommellerie de l'ITHQ. Il a également terminé une formation WSET (Wine and Spirit Education Trust), niveau 3.

PARCOURS PROFESSIONNEL

Avant le Bouillon Bilk, il a travaillé comme sommelier chez Graziella, au Café Méliès et au Vauvert, en plus d'avoir été sommelier consultant pour la Taverne Square Dominion.

AU-DELÀ DU RESTO

L'un de ses voyages vinicoles les plus mémorables est celui qu'il a fait dans la Bourgogne en 2011 avec sa compagne, qui œuvre elle aussi dans la sommellerie. C'était durant l'automne et toutes les vignes arboraient un splendide feuillage doré. Ce n'est pas pour rien que cette région a été baptisée la Côte d'Or! Lors de ce voyage, il a pu visiter les caves des vignobles Paccalet (Beaune), Nicolas Rossignol et François Mikulski (Meursault), entre autres.

UNE DÉGUSTATION MÉMORABLE
Inniskillin, Vidal, Icewine, Ontario, Canada

Nicolas Charron Boucher avait environ 17 ans lorsqu'un ami de son père a débouché une bouteille du vin de glace ontarien. Le fruité et l'exubérance de ce vin l'ont fasciné. «J'ai voulu comprendre comment on pouvait élaborer un breuvage aussi délicieux», explique-t-il, et c'est ainsi qu'il s'est dirigé vers la sommellerie. «Ce qui est amusant, c'est qu'aujourd'hui, je ne suis pas très friand de ce type de vin.»

Bouillon Bilk

bouillonbilk.com

1595, boul. Saint-Laurent, Montréal, Qc H2X 2S9

514 845-1595

Le Bouillon Bilk est un restaurant d'environ 60 places situé sur le boulevard Saint-Laurent à deux pas du Quartier des spectacles. Dans un local inusité au décor minimaliste, il propose à ses convives une cuisine nord-américaine toujours en quête de nouvelles saveurs.

ORIENTATION VIN

Nicolas Charron Boucher explique que la carte, conçue en collaboration avec Aglaé Durand, privilégie les vins issus de l'agriculture biologique ou biodynamique ainsi que les vins nature, mais jamais au détriment du goût. Afin de ne pas faire ombrage à la cuisine, les vins très puissants et capiteux y sont plutôt rares, les qualités recherchées étant l'élégance et la finesse. «Et surtout, souligne le sommelier, je choisis des vins authentiques, qui représentent les caractéristiques de leur appellation et de leur millésime.»

COMPOSITION DE LA CARTE DES VINS

60 % France, 25 % Italie,
15 % autres pays

Importations privées : 90 %
Offerts à la SAQ : 10 %

Sélection du sommelier

$

Domaine Papagiannakos,
Savatiano, Vdp Sterea Ellada /
Centre / Île d'Eubee, Grèce 2011

Vin blanc
15,90 $ | SAQ : 11097451

«Ce vin issu d'un cépage emblématique
de la Grèce est presque inconnu ici.
Il est gourmand et se déguste
facilement à l'apéro et avec des
fromages. C'est le genre de bouteille
pas compliquée et passe-partout, qui
se vide toute seule.»

Burrata avec endives fraîches et
grillées, morceaux de cédrat et
yogourt à la mangue.

$$

Domaine Olivier Pithon,
Cuvée Laïs, Côtes du Roussillon
Villages, France 2010

Vin rouge
27,12 $ | Plan Vin

«Ce vin rouge est concentré, souple
et rond. Olivier Pithon possède un
rare talent et nous donne, à chaque
millésime, des vins très fins et précis.
Celui-ci contient beaucoup de
fruits, des notes d'épices et une
texture étonnamment délicate pour
cette région.»

Poitrine de pintade, polenta, porcini,
sauce aux dattes et foie gras de
canard poêlé.

$$$

Tenuta delle Terre Nere,
Prephylloxera, Etna Rosso,
Sicile, Italie 2010

Vin rouge
83,00 $ | Le Maître de Chai

«Cette cuvée inimitable est produite
à partir de vignes de nerello mascalese,
plantées en 1870 en altitude sur le
fameux volcan de l'Etna. Elles donnent
un vin tendu, minéral et complexe.
Son profil aromatique fait penser aux
grands bourgognes de la Côte d'Or.
Il présente une texture et une tension
qui rappellent les grands nebbiolos...»

Filet de veau cuit sous vide et grillé,
ris de veau croustillants au miel et
aux piments, ragoût de lentilles et
de chanterelles, jus de veau au
poivre vert.

Cuvée d'ici

Vignoble d'Oka, Rouge Berry,
Basses-Laurentides,
Québec 2010

Vin de dessert et autres
19,95 $ | Vignoble d'Oka

«Élaboré à partir de framboises et
de fraises, ce produit passe par
des étapes de fermentation et de
macération semblables à celles des
vins rouges. Avec 16 degrés d'alcool
naturel, une acidité bien présente et
un sucre résiduel généreux mais bien
intégré, il présente un équilibre très
surprenant.»

Fraises à la vodka, au poivre
et chocolat blanc.

Ève Châteauvert

Douce, posée et soucieuse du bonheur de ses clients, elle évolue aux côtés du grand manitou Alain Rochard. Au Continental Bistro, elle nous propose une carte splendide pour tous les goûts !

FORMATION

Ève Châteauvert a suivi un parcours d'autodidacte, mais elle a aussi grandement bénéficié des conseils de son associé et ami Alain Rochard, qui a été pour ainsi dire son mentor.

PARCOURS PROFESSIONNEL

Elle a beaucoup travaillé dans l'Ouest canadien, notamment au Post Hotel de Lac Louise, membre des Relais & Châteaux. Elle y a fait ses premières expériences dans le service du vin, puis a poursuivi son cheminement au Café du Nouveau Monde. Depuis maintenant huit ans, elle est sommelière au Continental Bistro.

AU-DELÀ DU RESTO

Ses rencontres avec des vignerons avec qui elle a noué des liens d'amitié ont marqué son parcours de sommelière et influencé ses choix de carrière. Plusieurs voyages, de même que l'acquisition d'un vignoble dans le Minervois par Alain Rochard en 2002, ont contribué à élargir ce cercle d'amis et à exacerber sa passion pour la dive bouteille.

UNE DÉGUSTATION MÉMORABLE
Raveneau, Montée de Tonnerre, Chablis, France 2000

Signe du destin, Ève Châteauvert a connu sa première émotion forte de dégustation au Continental Bistro, alors qu'elle n'y travaillait pas encore. C'est là qu'elle a dégusté pour la première fois le Chablis Montée de Tonnerre de Raveneau : « J'ai compris à cet instant comment un vin pouvait générer une telle émotion. Un chablis comme ça, il n'y en a pas deux ! »

Le Continental Bistro

lecontinental.ca

4007, rue Saint-Denis, Montréal, Qc H2W 2M4

514 845-6842
lecontinental@videotron.ca

Le Continental Bistro propose une cuisine bistronomique sur le Plateau-Mont-Royal dans ses deux salles totalisant 90 places. Il y règne une ambiance festive et il y est possible autant de manger tard que de profiter tôt des terrasses. On y offre un service à la fois attentif et décontracté. Fait à noter : son propriétaire Alain Rochard possède également (avec son associé Laurent Farre) un vignoble situé dans le Minervois : le vignoble du Loup Blanc, dont la cuvée La Mère Grand se retrouve notamment sur la carte du restaurant.

ORIENTATION VIN

La carte des vins a été conçue pour satisfaire toutes les bourses et permet ainsi de faire des découvertes à des prix raisonnables. Elle fait aussi la part belle aux vignerons artisans qui travaillent dans le respect de l'environnement. Les sélections sont faites avant tout en fonction du plaisir que doit apporter le vin.

COMPOSITION DE LA CARTE DES VINS

70 % France, 15 % Italie et Espagne,
15 % autres pays

Importations privées : 80 %
Offerts à la SAQ : 20 %

Sélection du sommelier

$

**Domaine Henri Naudin-Ferrand,
Bourgogne Aligoté,
France 2011**

Vin blanc
17,20 $ | SAQ : 11589703

« L'aligoté est souvent un cépage mal aimé, parce que trop acidulé. Plus fruité que ce qu'on peut attendre d'un aligoté, ce vin surprend par l'intensité de ses arômes. Le domaine a misé sur la fraîcheur et surtout sur le plaisir de boire simplement un verre entre amis. »

Poisson fumé ou grillé accompagné d'une salade de tomates et de basilic.

$$

**Domaine du Loup Blanc,
La Mère Grand, Minervois,
France 2008**

Vin rouge
23,05 $ | SAQ : 10528221

« Le vignoble du Loup Blanc d'Alain Rochard nous offre avec cette Mère Grand une des versions les plus achevées de l'appellation Minervois. Corsé et charnu, élégant et délicat, ce vin présente des notes de bleuet, de framboise, de cassis, de griotte et une finale cacaotée. Une cuvée qui charmera les amateurs. »

Agneau du Québec ou magret de canard sauce porto et bleuets ou fruits rouges.

$$$

**Erath Winery, Pinot Noir,
Willamette Valley, Oregon,
États-Unis 2009**

Vin rouge
38,00 $ | SAQ : 11007232

« Dick Erath est un pionnier de l'Oregon, où il a commencé à vinifier en 1972. Il est aujourd'hui un pilier de l'industrie et il a certainement contribué à ce je-ne-sais-quoi qui caractérise les vins de cette région et notamment les pinots noirs. Le sien a un nez charmeur et une bouche soyeuse. »

Magret de canard sauce aux champignons sauvages.

Cuvée d'ici

**Domaine des Salamandres,
Poiré de glace, Hemmingford,
Québec 2009**

Vin de dessert et autres
33,25 $ | SAQ : 11440343

« Le verger du domaine des Salamandres, situé en Montérégie, a créé ce produit hors du commun, une boisson à la poire qui nous change des cidres de glace. Le nez de cire d'abeille et de fleurs s'allie à une bouche voluptueuse. Une douceur pour les papilles. »

Tarte tatin aux pommes.

Samuel Chevalier-Savaria

Droit et sérieux, élégant et décontracté, il ressemble à un grand cru bio. Érudit de son métier, il a laissé sa marque au Toqué! Un gros calibre.

FORMATION

Samuel Chevalier-Savaria détient une attestation de spécialisation professionnelle en sommellerie de l'École hôtelière de Laval, où il a étudié avec Don-Jean Léandri. Il possède également un brevet en viticulture œnologique.

PARCOURS PROFESSIONNEL

Toujours à la recherche de nouveaux défis, il a récemment quitté cet établissement de prestige où il laisse derrière lui un legs estimé.

AU-DELÀ DU RESTO

Plusieurs voyages vitivinicoles à travers le monde ont jalonné son parcours, notamment en Bourgogne et en Afrique du Sud.

UNE DÉGUSTATION MÉMORABLE
Un vieux Beaujolais Moulin-à-vent 1911

Un jour, un ami a débouché avec lui un vieux beaujolais qui avait appartenu à son défunt père. Gourmands et fruités, les beaujolais ne peuvent habituellement pas être conservés parce qu'ils se fanent rapidement. À son grand étonnement, la bouteille s'est révélée un pur bijou : « Je ne me souviens plus du nom du domaine (qui d'ailleurs n'existe plus), mais je me souviens qu'on n'attendait rien de cette cuvée. Quelle ne fut pas notre surprise ! Ce vieux millésime tenait encore très bien la route. C'était vraiment impressionnant et surprenant ! »

Restaurant Toqué!

restaurant-toque.com

900, place Jean-Paul-Riopelle, Montréal, Qc H2Z 2B2

514 499-2084
info@restaurant-toque.com

Normand Laprise, Grand Chef Relais & Châteaux, et sa complice Christine Lamarche ont fait du restaurant Toqué! une icône gastronomique qui a récolté tous les éloges : CAA cinq diamants, Guide Debeur quatre étoiles, Zagat quatre étoiles, etc. Situé dans le Vieux-Montréal, l'établissement de renom se distingue par sa cuisine du marché originale et excentrique qui met en valeur les producteurs et artisans du terroir québécois.

ORIENTATION VIN

La carte du Toqué! est fidèle à sa philosophie culinaire : elle encourage les artisans en proposant des cuvées artisanales et agrobiologiques où s'expriment l'éclat et la pureté du fruit. Samuel Chevalier-Savaria a sélectionné les vins qui y figurent avec soin : « Ils se doivent d'être raffinés sans se limiter aux étiquettes trop connues. J'aime faire découvrir des produits exclusifs qui rehaussent l'expérience culinaire de nos convives. » La carte, qui compte environ 400 références, propose également une bonne sélection de vins au verre.

COMPOSITION DE LA CARTE DES VINS

70 % France, 15 % Italie, 10 % autres pays d'Europe, 5 % Nouveau Monde

Importations privées : 90 %
SAQ : 10 %

Sélection du sommelier

$

Domaine du Cros, Lo Sang del Païs, Marcillac, Sud-Ouest, France 2012

Vin rouge
15,35 $ | SAQ : 00743377

« Ce vin représente tout ce que j'aime des cuvées bien faites à moindre prix. Conçu à partir du cépage local fer servadou, il est digeste, fruité et facile à boire. Il se démarque par sa touche épicée et florale et sa belle fraîcheur en fin de bouche. »

Carré de porcelet, tire-éponge, betteraves, purée de haricots blancs, cameline et sauce à la betterave.

$$

Julien Guillot, Clos des Vignes du Maynes, Mâcon-Cruzille, Bourgogne, France 2011

Vin rouge
44,53 $ | Mon Caviste

« Ce Mâcon-Cruzille de l'excellent vigneron-artisan Julien Guillot est un vin aérien et racé comme il s'en fait peu. Il présente une superbe attaque en bouche, qui se déploie sur une élégante matière fruitée de cerise et des tannins en dentelle. Du pur bonbon fait par un grand ! »

Ballotine de poulet aux algues, morilles, asperges, pancetta, fraises, sauce au beurre et hydromel.

$$$

Domaine Dujac, Morey-Saint-Denis, Bourgogne, France 2010

Vin rouge
66,50 $ | SAQ : 11659556

« Aucune cachette : je me passionne pour les vins de la Bourgogne qui ont une signature et une droiture bien à eux. J'investirais les yeux fermés dans cette cuvée qui a tous les attributs pour passer le temps et se bonifier : structure, concentration, pureté du fruit, tannins serrés : tout y est ! »

Magret et cœur de canard, carottes, ail noir, moutarde à la canneberge et sauce à la camomille.

Cuvée d'ici

Vignoble des Négondos, Opalinois, Basses-Laurentides, Québec 2010

Vin blanc
15,00 $ | Vignoble des Négondos

« Tous les vins du vignoble des Négondos sont certifiés biologiques par Québec Vrai, preuve que les temps changent et qu'on peut faire du bon dans notre région. Je suis fier qu'on serve au Toqué ! la cuvée Opalinois, un seyval typique sur des notes prononcées d'agrumes. »

Pétoncles Princesse marinés à l'eau de pomme, fraises, daïkon et mousse de sapin.

Simone Chevalot

Cette femme d'affaires au goût sûr préfère boire des canons sans prétention. Avec sa Buvette, elle a créé une véritable institution à Montréal !

FORMATION

Simone Chevalot a suivi une formation en découverte du vin à l'ITHQ.

PARCOURS PROFESSIONNEL

Avant d'ouvrir la Buvette Chez Simone, elle a été serveuse dans plusieurs restaurants de Montréal, dont Le Pistou, Au Petit Extra, L'Express et Le Petit Italien, où elle a pu élaborer sa première carte des vins.

AU-DELÀ DU RESTO

À 12 ans, elle a reçu en cadeau le coffret d'arômes «Le Nez du vin»!

UNE DÉGUSTATION MÉMORABLE

Outre la bouteille de Baby Duck qui l'a rendue malade toute la nuit lors de son bal de graduation, Simone Chevalot se rappelle de sa première rencontre avec le vin nature. Grâce notamment aux vins de Lapierre, Gramenon et Métras, sa vision de ce que devait être un bon vin a alors complètement changé : «La première fois que j'ai goûté à La Sierra du Sud de Gramenon, j'ai compris le sens du mot pureté en terme de texture et de fruit. J'ai aussi pu sentir à quel point le vin est une matière vivante. Cela m'a procuré un grand bonheur. Je retrouve ce grand plaisir chaque fois que je bois un vin fait avec le même souci du terroir et de la nature.»

Buvette Chez Simone

buvettechezsimone.com

4869, avenue du Parc, Montréal, Qc H2V 4E7

514 750-6577
chevalsimone@yahoo.ca

La Buvette Chez Simone comprend une centaine de places, avec terrasse en été, où peuvent boire et manger tous les genres de portefeuilles et d'appétits. Inspiré des bars à vin européens, ce lieu animé et convivial propose des plats frais et simples, tels des plateaux de charcuteries et de fromages, du poulet rôti et des salades composées. Aux petites heures du matin, les clients peuvent danser sur les tables en bois aux rythmes effrénés des D.J.

ORIENTATION VIN

Simone Chevalot s'intéresse à la façon de travailler des vignerons et s'approvisionne auprès de maisons d'importation avec lesquelles elle partage des affinités. Elle apprécie que sa carte représente toute la France, que ce soit en matière de cépages, de terroirs ou de goût. Parmi les vins plus particuliers ou *funkys*, tels les vins nature, elle considère important d'inclure des vins de facture plus classique. Enfin, elle s'assure d'offrir un bon choix de vins au verre, avec dix rouges et huit blancs de 7 $ à 11 $.

COMPOSITION DE LA CARTE DES VINS

70 % France, 10 % Italie, 10 % Espagne,
10 % autres pays

Importations privées : 80 %
Offerts à la SAQ : 20 %

Sélection du sommelier

$

Argyros, Atlantis,
IGP Cyclades, Santorini,
Grèce 2012

Vin blanc
17,25 $ | SAQ : 11097477

« Bien que l'Atlantis soit un vin simple, sa fraîcheur, sa minéralité, la typicité de son terroir volcanique de Santorin ainsi que son prix en font un produit très prisé par les serveurs et les clients. Il est idéal pour une fin d'après-midi en terrasse. »

Acras de morue et mayonnaise au curry.

$$$

François Cotat, Les Monts Damnés, Sancerre, Loire, France 2011

Vin blanc
45,00 $ | Le Maître de Chai

« Ce producteur installé à Chavignol produit des sancerres éclatants de fraîcheur et de minéralité. François Cotat travaille de façon très pure, en intervenant le moins possible dans la vigne et durant la vinification. L'équilibre entre le goût riche et la tension donne à ses vins un caractère unique et aérien. »

Huîtres.

$$

Ariana Occhipinti, SP68,
Sicile, Italie 2011

Vin rouge
25,20 $ | SAQ : 11811765

« Le plus séduisant dans ce "vin de buvette par excellence", c'est sa texture lisse et son grain très serré. Avec son goût épicé, ses arômes de cerise, ses petits tannins souples, le SP68 est un vin de soif qui rappelle davantage les pinots noirs de Bourgogne que les vins lourds et riches de la Sicile. »

Poulet rôti mariné aux herbes.

Cuvée d'ici

Antolino Brongo, Cryomalus,
Saint-Joseph-du-Lac,
Québec 2009

Vin de dessert et autres
30,25 $ | SAQ : 11002626

« Voilà un produit haut de gamme, qu'il est agréable de suggérer à la fin d'un repas. Ce cidre de glace nettoie le palais en le couvrant d'une petite touche sucrée, sans lourdeur et tout en finesse. »

Idéal pour ceux qui ont la dent sucrée mais n'osent pas prendre un dessert.

Véronique Dalle

Virtuose de musique classique, elle incarne l'honnêteté, la droiture et le professionnalisme. Pas étonnant qu'elle soit une professeure de renom à l'ITHQ.

FORMATION

Véronique Dalle est diplômée du programme de sommellerie professionnelle de l'ITHQ. Elle a aussi suivi une formation de sommelier-conseil à l'Université Suze-la-Rousse, en France.

PARCOURS PROFESSIONNEL

Professeure à l'ITHQ et chef-sommelière au bar à vin Pullman, elle a été chef-sommelière pour les frères Roux des Celebrity Cruises et a travaillé au restaurant La Tentation avec Giovanni Apollo.

AU-DELÀ DU RESTO

Véronique Dalle a obtenu plusieurs bourses, respectivement de la Fondation Marc Bourgie, de l'Association des hôteliers du Québec et de la Fondation Gérard Delage.

UNE DÉGUSTATION MÉMORABLE

Domaine de la Romanée-Conti, La Tâche, Bourgogne, France 1985

C'est en compagnie d'un client qu'elle a dégusté ce vin mythique. Le bouquet profond et concentré laissait encore deviner des notes de fruits, tels le noyau de cerise et la figue. Le deuxième nez menait vers une palette plus évoluée, évoquant le tabac, le cuir, l'épice chaude et le thé noir – un plaisir frôlant la perfection. Le toucher de bouche était quant à lui long et dense, la trame tannique veloutée, le reflet de ce qu'on peut attendre de La Tâche. Pour une jeune sommelière, explique Véronique Dalle, la dégustation de vins rares permet de « se donner un élan », de découvrir ce que le vin peut offrir de plus beau.

Pullman

pullman-mtl.com

3424, avenue du Parc, Montréal, Qc H2X 2H5

514 288-7779

info@pullman-mtl.com

Situé au centre-ville de Montréal, le Pullman est voué aux plaisirs du vin. Dans un décor sophistiqué et subtilement excentrique, l'espace sur trois niveaux avec salles privées peut accueillir jusqu'à 150 personnes. Le menu comprend des plats présentés en petites portions qu'on peut partager en les accordant aux vins choisis, ainsi que des fromages du Québec et des amuse-bouches salés et sucrés. Le Pullman est ouvert tous les jours de 16 h 30 à 1 h. Dans une atmosphère décontractée, il se prête aussi bien à l'apéro entre amis qu'à un repas dégustation.

ORIENTATION VIN

La carte des vins propose plus de 350 références, dont 50 au verre. Les vins sont choisis en fonction de leur «buvabilité» et tous ont fait l'objet de coups de cœur en dégustation. «Il s'agit d'offrir des découvertes aux clients, mais aussi aux gens du milieu de la restauration. Nous voulons proposer des vins différents et inusités.»

COMPOSITION DE LA CARTE DES VINS

60 % France ; 20 % Italie ;
20 % Espagne, Allemagne, Autriche et Nouveau Monde

Importations privées : 90 %
Offerts à la SAQ : 10 %

Sélection du sommelier

$

Domaine Elian Da Ros,
Le vin est une fête, Côtes du
Marmandais, France 2010
Vin rouge
18,65 $ I SAQ : 11793211

« Depuis peu sur les tablettes de la
SAQ, cette cuvée d'Elian Da Ros est
un joli vin de fruits frais, gourmand à
souhait. Élaboré de façon naturelle
avec des raisins certifiés bio, cet
assemblage de merlot, de cabernet
franc et d'abouriou est sans chichi et
tout en rondeur. Parfait pour l'apéro. »

Plateau de charcuteries ;
tartare de cerf.

$$

Jean Foillard, Morgon,
Beaujolais, France 2010
Vin rouge
25,15 $ I SAQ : 11964788

« Au nez, ce morgon démontre
une grande pureté de fruit, et
en bouche une vaste palette
de textures soyeuses. On peut
certainement anticiper une
grande bouteille dans quelques
années. Lorsqu'on sait les attendre,
ces morgons sont à la hauteur des
grands vins de Bourgogne. »

Magret de canard rôti et
pommes salardaises.

$$$

Lopez de Heredia,
Vina Gravonia Crianza Blanco,
Rioja, Espagne 2003
Vin blanc
25,95 $ I SAQ : 11667927

« J'adore le travail de ce vignoble.
Cette cuvée élaborée avec le cépage
viura est le fruit d'un élevage de
quatre ans en fût américain et de
six ans en bouteille. Le nez offre
des notes de noix et de fruits secs,
ainsi que de cire d'abeille et de
miel. La bouche est soutenue par
une belle fraîcheur. »

Gravlax de saumon à la russe.

Cuvée d'ici

Antolino Brongo, Cryomalus,
Saint-Joseph-du-Lac, Québec
2009
Vin de dessert et autres
30,25 $ I SAQ : 11002626

« Ce cidre de glace présente un
équilibre surprenant entre les
niveaux de sucrosité et d'acidité.
En plus d'un travail d'assemblage,
les pommes font l'objet d'un
passerillage sur palettes, une
particularité de ce domaine. Cela
donne un produit tout en richesse
et très élégant. »

Plateau de fromages ou dessert
à base de fruits, telles la poire ou
la pomme.

Patrice Daoust

Patrice Daoust est un vrai gars de party qui adore prendre un verre en bonne compagnie. Vulgarisateur hors pair, il rend le vin accessible pour tous.

FORMATION

Patrice Daoust a obtenu une attestation de spécialisation professionnelle en sommellerie à l'École hôtelière de Laval sous la direction du talentueux professeur Don-Jean Léandri.

PARCOURS PROFESSIONNEL

Le dynamique sommelier a travaillé au Casino de Montréal, puis au restaurant Le Montclair (Saint-Laurent). Après un court passage au Ariel — Bar à vin, il est entré au Local, où il fait équipe avec Carl Villeneuve Lepage.

AU-DELÀ DU RESTO

Parmi les belles rencontres qu'il a eu la chance de faire au cours de sa carrière, l'une se démarque : c'est celle d'Élyse Lambert, détentrice (entre autres !) du titre de Meilleure sommelière des Amériques en 2009 et sous la gouverne de qui il a travaillé durant cinq années au Local.

UNE DÉGUSTATION MÉMORABLE
Domaine Taupenot-Merme, Mazoyères Chambertin Grand Cru, Bourgogne, France 1999

Séduit par la concentration et l'élégance des vins de Virginie Taupenot, il a réalisé un voyage en Bourgogne, à Morey-Saint-Denis, où il s'est vu chaleureusement accueilli par la propriétaire avec une belle dégustation. L'un des vins l'a comblé tout particulièrement : «Le Grand Cru Mazoyères Chambertin 1999 m'a tout simplement charmé. J'ai su alors que les grands vins de Bourgogne feraient partie de ma vie tant que je boirais du vin.»

Le Local

resto-lelocal.com

740, rue William, Montréal, Qc H3C 1P1

514 397-7737
info@resto-lelocal.com

Le Local est situé au cœur du Vieux-Montréal, dans une bâtisse qui retentit encore des échos de son passé (c'est là que se trouvait l'ancienne Fonderie Darling). Sa salle aux volumes spectaculaires et sa terrasse peuvent accueillir jusqu'à 160 couverts. Dans un décor où se marient le béton, l'acier, la brique et le verre, le chef Olivier Belzile propose une cuisine bistro recherchée et très goûteuse. Les frites, les tartares, la salade de betteraves et le foie de veau sont quelques incontournables du menu.

ORIENTATION VIN

La carte des vins du Local a été bâtie en étroite collaboration avec Élyse Lambert. À la différence de la plupart des établissements, la carte y est divisée par cépages plutôt que par pays. Elle propose une grande diversité de vins provenant des quatre coins du monde. Petites et grandes cuvées se côtoient sans prétention. La carte évolue constamment, selon les arrivages et les découvertes des sommeliers.

COMPOSITION DE LA CARTE DES VINS

40 % France, 30 % Italie, 10 % États-Unis, 5 % Espagne,
5 % Nouvelle-Zélande, 3 % Australie, 2 % Allemagne,
5 % autres pays (Autriche, Grèce, Portugal, Chili, Argentine...)

Importations privées : 85 %
Offerts à la SAQ : 15 %

Sélection du sommelier

$

Telmo Rodriguez, Gaba do Xil
Godello, Valdeorras, Galice,
Espagne 2011

Vin blanc
17,85 $ | SAQ : 11896113

« Telmo Rodriguez est une valeur
sûre en Espagne. On a ici une belle
expression du cépage godello. Ses
arômes rappellent le citron et la
pêche. La bouche est légèrement
texturée et l'acidité bien présente.
Grâce à sa structure et à sa
minéralité, on le décrit comme
un vin de gastronomie. »

Crab cake façon falafel, baba
ghanouj, salade tzatziki et poivrons
rouges grillés.

$$$

Château Rigaud Pierre Taix,
La Mauriane, Puisseguin
Saint-Émilion, France 2009

Vin rouge
34,40 $ | Le Maître de Chai

« Puisseguin Saint-Émilion est
une des appellations satellites de
Saint-Émilion. Le merlot et le
cabernet franc sont à l'honneur dans
cette cuvée qui surprend avec ses
arômes de cerise noire et ses notes
tertiaires légèrement torréfiées. La
bouche offre beaucoup de matière
et des tannins mûrs et serrés. »

Pavé de foie de veau de lait,
marmelade d'échalote, purée de
pommes de terre aux grains de
moutarde, sauce charcutière.

$$

Podere Sapaio,
Volpolo, Bolgheri, Toscane,
Italie 2010

Vin rouge
27,85 $ | SAQ : 11002941

« Composé à 70 % de cabernet
sauvignon, avec un assemblage
de merlot et de petit verdot, ce
Bolgheri nous fait sentir la chaleur
du soleil de Toscane. Sa robe
opaque annonce le cabernet. Il
charme avec ses arômes de fruits
noirs et de prunes mûres. L'élevage
en fût neuf français lui donne des
tannins souples et une texture
presque onctueuse. »

Côte de bœuf AAA pour deux.

Cuvée d'ici

Antolino Brongo, Cryomalus,
Saint-Joseph-du-Lac,
Québec 2010

Vin de dessert et autres
30,25 $ | SAQ : 11002626

« Cette cidrerie est située dans les
Basses-Laurentides à Saint-Joseph-
du-Lac. Le cidre de glace Cryomalus
est tout en fraîcheur. Il offre une
texture, une sucrosité et une acidité
qui lui confèrent un équilibre parfait.
Il donne tout simplement l'impression
de croquer dans une pomme
fraîchement cueillie de l'arbre. »

Foie gras de canard au torchon,
croustade aux pommes, réduction
de vinaigre balsamique et échalotes.

Sarah Deguire

Poursuivant avec brio le travail de son prédécesseur Stéphane Leroux, elle comble les connaisseurs avec ses choix à la fois accessibles et recherchés.

FORMATION

Sarah Deguire possède un diplôme en sommellerie (ASP) de l'ITHQ ainsi qu'une formation supérieure en analyse sensorielle des vins du monde. Elle a aussi franchi le niveau 3 de la Wine and Spirit Education Trust.

PARCOURS PROFESSIONNEL

Avant le Leméac, elle a travaillé aux restaurants Pullman et La Montée de lait.

AU-DELÀ DU RESTO

C'est lors d'un séjour à Paris qu'elle a décidé de faire carrière en sommellerie : « À l'époque, je ne connaissais pas grand-chose au vin et je ne savais pas trop ce que je voulais faire comme métier. J'ai été séduite par les petits cavistes, les bars à vin et la culture qui entoure le vin en général. »

UNE DÉGUSTATION MÉMORABLE
Un xérès d'Espagne...

À Madrid, elle a goûté pour la première fois à un xérès. C'était dans un bar à tapas, où un vieux barman le servait à même le fût. « J'avais l'impression de découvrir quelque chose de bizarre que personne ne connaissait, explique-t-elle. J'étais à la fois intriguée et choquée par son goût puissant, son arôme caractéristique de noix qui dure extrêmement longtemps en bouche. » Aujourd'hui, elle adore les « vins de voile », caractérisés par leur voile de levure en surface, et aime les faire découvrir à ses clients.

Leméac

restaurantlemeac.com

1045, avenue Laurier Ouest, Montréal, Qc H2V 2L1

514 270-0999
info@restaurantlemeac.com

Le restaurant Leméac est situé sur l'avenue Laurier, dans le quartier d'Outremont. Doté d'une grande salle lumineuse et d'une belle terrasse, il propose une cuisine de style bistro français. Ouvert sept jours par semaine de midi à minuit, il sert également le brunch les fins de semaine et lundis fériés à compter de 10 h. Le Leméac offre également un menu de fin de soirée à prix fixe à partir de 22 h.

ORIENTATION VIN

« Si je trouve un vin bon, je l'achète ! », explique tout simplement Sarah Deguire. Elle privilégie les petits domaines respectueux des terroirs et des traditions, de même que ceux qui cherchent à promouvoir des cépages locaux oubliés, en provenance parfois d'appellations connues ou moins prestigieuses. Pour l'épauler dans ce qu'elle qualifie être « l'énorme tâche » de choisir les vins, elle compte sur l'appui de son assistante Julie Barrette.

COMPOSITION DE LA CARTE DES VINS

60 % France, 25 % Italie, 10 % Amériques,
5 % autres pays

Importations privées : 75 %
Offerts à la SAQ : 25 %

Sélection du sommelier

$

Domaine Marcel Lapierre,
Raisins Gaulois, Morgon,
Beaujolais, France 2008

Vin rouge
18,65 $ | SAQ : 11459976

« Ce domaine est situé à Morgon dans
le Beaujolais. Mathieu Lapierre l'a
repris à la mort de son père en 2010
et il continue d'être un ambassadeur
des vins nature sans défauts. La cuvée
Raisins Gaulois est issue de jeunes
vignes de gamay. C'est un vin de soif,
plein de fruit et de bonheur. »

Rillettes à l'ancienne.

$$

Domaine de l'Écu, Granite,
Guy Bossard, Muscadet-Sèvre
et Maine, Loire, France 2010

Vin blanc
22,25 $ | SAQ : 10282873

« Le domaine de l'Écu est une référence
de cette appellation. On y travaille
depuis 20 ans en biodynamie et les
vins du domaine sont toujours d'une
grande complexité. La cuvée Granite
est ample, avec des arômes d'agrume.
Elle est très minérale, presque saline. »

Moules et frites façon Leméac.

$$$

Foradori, Granato,
Vigneti delle Dolomiti,
Trentin-Haut-Adige,
Italie 2009

Vin rouge
58,25 $ | SAQ : 00898130

« Situé dans le nord de l'Italie,
le domaine d'Elisabetta Foradori
élabore des vins élégants et racés
à partir du cépage local teroldego,
plutôt connu pour donner des vins
tanniques et rustiques. »

« Rib eye » de bœuf vieilli.

Cuvée d'ici

Le Clos Saragnat, L'Original,
Frelighsburg, Québec 2003

Vin de dessert et autres
26,50 $ | Clos Saragnat

« Le clos Saragnat est situé dans les
Cantons de l'Est. On y produit le
premier cidre de glace à avoir obtenu
la certification biologique. C'est un
cidre trouble, orangé, presque brun,
mais qui présente un nez net et pur.
Il possède une belle fraîcheur, des
notes de pomme mûre, d'écorce
d'orange et de tire d'érable. »

Assiette de fromages du Québec,
avec un bleu de préférence.

Hugo Duchesne

Veston de velours et bottes de cuir : ce rebelle généreux aime partager ses connaissances avec humilité. Un vrai du vin comme il s'en fait peu !

FORMATION

Hugo Duchesne a suivi une formation en sommellerie à l'École hôtelière de Laval.

PARCOURS PROFESSIONNEL

Auparavant copropriétaire du restaurant La Montée de lait, il travaille depuis 2011 avec le chef Daniel Vézina au Laurie Raphaël.

AU-DELÀ DU RESTO

Bien qu'il n'ait jamais été une « bête de concours », Hugo Duchesne a tenté sa chance au concours du Meilleur sommelier du Québec en 2011, où il a figuré parmi les 13 finalistes. « Je ne suis pas monté sur le podium, mais ça s'est tellement bien passé que je me suis senti comme si j'avais terminé quatrième ! »

UNE DÉGUSTATION MÉMORABLE

Château d'Yquem, Sauternes, Bordeaux, France 1975 ;

Domaine de la Romanée-Conti, Grands Échézeaux, Bourgogne, France 1972 ;

Château-Chalon, Jura, France 1944

Hugo Duchesne qualifie son palais de « choyé et chanceux ». On n'aura pas de peine à le croire si l'on considère les trois vins qui trônent au podium de ses dégustations les plus mémorables : Yquem 1975 pour la « luxure du sucre » ; Grands Échézeaux 1972 pour l'« éloge du fruit » ; et Château-Chalon 1944 pour sa « lumière sur le rancio ».

Laurie Raphaël

laurieraphael.com

117, rue Dalhousie, Québec, Qc G1K 9C8
2050, rue Mansfield, Montréal, Qc H3A 1Y9
418 692-4555 | 514 985-6072
reservationquebec@laurieraphael.com
reservationmontreal@laurieraphael.com

Les restaurants Laurie Raphaël de Québec et de Montréal proposent, dans des environnements chics et feutrés, des menus dégustations en dix, cinq ou trois services, en plus des mets à la carte. La cuisine gastronomique et contemporaine du chef Daniel Vézina fait rayonner les artisans et les produits du terroir québécois. On y propose une expérience culinaire gourmande et avant-gardiste.

ORIENTATION VIN

Hugo Duchesne recherche avant tout des vins « propres », où rien n'a été enlevé ni ajouté : « Je demande aux vins de porter fièrement la marque du sol qui les a vus naître, avec leurs levures naturelles. Je veux des vins qui sont affectés par leur climat et qui ressemblent à leur millésime. » La quasi totalité des vins offerts dans les deux restaurants sont cultivés de manière biologique ou en biodynamie ; plusieurs sont des vins nature. La carte du Laurie Raphaël Montréal compte 250 références, alors que celle du Laurie Raphaël Québec, plus exhaustive, en compte 650.

COMPOSITION DE LA CARTE DES VINS

50 % France, 20 % Italie, 15 % Amériques,
10 % Espagne et Portugal, 5 % Océanie

Importations privées : 95 %
Offerts à la SAQ : 5 %

Sélection du sommelier

$

Tedeschi, Capitel dei Nicalo
Appassimento, Delle Venezie,
Italie 2010
Vin rouge
16,85 $ | SAQ : 11028156

« C'est pour moi comme un tout
petit Amarone. Les raisins sont
séchés pendant un mois, durant
lequel ils perdent 10 % de leur eau.
Le nez, le boisé, les tannins, la
finale : tout marche. »

Filet de bœuf en chevreuil, sauce
grand veneur et gelée de groseille.

$$$

Jérôme Prévost, La Closerie
Les Béguines, Champagne
Extra Brut, France
Mousseux
85 $ | Vini-Vins

« Ce champagne monocépage varie
d'un millésime à l'autre, car il est
fait à partir de pinot meunier d'une
seule vendange. C'est l'élégance
ultime. Il présente une grande
finesse de bulle et un toucher de
bouche des plus délicats, avec en
contrepoint une puissance et une
belle opulence de la matière. »

Porcelet avec jus de viande, chips
de peau de cochon, couteaux de
mer façon vinaigrette, purée liquide
de fenouil et chlorophylle verte.

$$

Domaine de Bellivière,
L'Effraie, Coteaux du Loir,
France 2009
Vin blanc
27,60 $ | SAQ : 11495467

« C'est l'appellation la plus
septentrionale de France. Ce vin
est tendu, tranchant même, très
nerveux, aussi long que frais, avec
des textures amples et du gras à
profusion. J'adore les grands
chenins secs. »

Cannelloni de pieuvre et crevette
de roche avec armillaires de miel et
mousseuse à l'ail noir.

Cuvée d'ici

Vignoble des Négondos, Cuvée
Orélie, Basses-Laurentides,
Québec
Vin blanc
15 $ | Vignoble des Négondos

« Ce blanc à base de seyval et de
chambaudière déroute au nez
avec ses arômes de noisette grillée
et de beurre frais qui évoquent le
chardonnay. L'empreinte de l'élevage
et l'acidité nerveuse créent un
équilibre et une soif. »

Hukkigai laqué à l'argousier farci
d'un tartare de pétoncle aux algues
et tobiko.

Simon Duval

Sous ses airs sympathiquement baveux de mâle tatoué se cache un dégustateur des plus talentueux. La carte de ce fin palais est superbe !

FORMATION

Simon Duval possède une attestation de spécialisation professionnelle en sommellerie de l'École hôtelière de Laval.

PARCOURS PROFESSIONNEL

Avant de travailler au Globe, il a été sommelier pendant plusieurs années au chic restaurant Relais & Châteaux Hôtel & Spa L'Eau à la Bouche, de Sainte-Adèle, et également à l'Auberge Saint-Gabriel, dans le Vieux-Montréal.

AU-DELÀ DU RESTO

Lors de son dernier voyage vinicole dans la région de Prince Edward County, en Ontario, Simon Duval a découvert des pinots noirs et des chardonnays aisément comparables à ceux de la Bourgogne. Toute une révélation ! Ses rencontres avec les vignerons James Lahti (du domaine Long Dog), Dan Sullivan (de Rosehall Run) et Mackenzie Brisbois (du vignoble Norman Hardie) ont ainsi marqué pour lui l'année 2013.

UNE DÉGUSTATION MÉMORABLE
Château Montrose, Saint-Estèphe, Bordeaux, France 1955

À l'époque où il travaillait à L'Eau à la Bouche, un bon client lui a proposé de goûter à un ancien millésime d'un grand château de Bordeaux : Montrose 1955. La bouteille n'était pas encore débouchée que la fébrilité avait gagné toute l'équipe de service. Puis, le moment tant attendu est arrivé... Au nez, c'était une bousculade d'arômes évoquant la rose, le poivre blanc, l'écurie, le cassis. Et en bouche, la perfection : des tannins souples, un fruit qui ne faisait pas son âge, une fraîcheur surprenante. Un moment inoubliable.

Globe

restaurantglobe.com

3455, boul. Saint-Laurent, Montréal, Qc H2X 2T6

514 284-3823
info@restaurantglobe.com

Situé au cœur de l'action sur le boulevard Saint-Laurent, le Globe propose une cuisine créative aux saveurs du monde intégrant des produits régionaux. Le restaurant compte 130 places assises et 12 places au bar. Ouvert sept jours par semaine, il reçoit sur place les meilleurs D.J., qui mixent de la musique entraînante du jeudi au samedi afin que tous puissent y faire la fête en fin de soirée.

ORIENTATION VIN

La clientèle du Globe étant très variée, Simon Duval s'assure de présenter une carte qui comprend à la fois de grands noms du vin et de petits producteurs, et ce, à tous les prix. Des événements courus, tel le Grand Prix du Canada, rendent nécessaires les approvisionnements en grands vins, comme les cabernets de Californie (Screaming Eagle, Caymus) et les incontournables super toscans (Tignanello, Solaia et autres) tout au long de l'année.

COMPOSITION DE LA CARTE DES VINS

30 % États-Unis, 30 % France,
40 % autres pays d'Europe

Importations privées : 50 %
Offerts à la SAQ : 50 %

Sélection du sommelier

$

Honoro Vera, DO Calatayud, Espagne 2011

Vin rouge
16,00 $ I SAQ : 11462382

« Pour 16 $, c'est de la grande grenache ! J'y retrouve un équilibre rarement présent dans cette gamme de prix. » Un vin sur des notes de moka, de poivre noir et de fruits confits. Splendide !

Jambon de magret de canard fumé, tomme, roquette et pruneaux.

$$$

Domaine Rémi Jobard, Meursault Premier Cru Les Genevrières, Bourgogne, France 2010

Vin blanc
82,50 $ I SAQ : 11235307
Signature

« Du grand chardonnay, avec de la minéralité, du fruit, du gras, de la finesse, du volume, de la douceur et une longueur en bouche qui n'en finit plus. C'est avec la larme à l'œil et un pincement au cœur qu'on s'aperçoit que la bouteille est vide. » N'hésitez pas à investir vos dollars dans cette cuvée, elle vaut son pesant d'or.

Huîtres Fire River nature.

$$

Ferme Apicole Desrochers, Cuvée de la diable, Québec

Vin de dessert et autres
17,45 $ I SAQ : 10291008

« L'hydromel, ça ne plaît pas à tout le monde... Mais quand on a la chance d'y goûter, on s'attache à ces petites gâteries-là ! » On l'aime évidemment pour sa touche mielleuse, mais surtout pour son apport en fruit (pomme, poire et coing pochés) et ses douces notes florales. Amandes grillées en fin de bouche. Charmant avec le dessert !

Tarte tatin.

Cuvée d'ici

Rosehall Run, Chardonnay, Comté du Prince-Édouard, Ontario 2009

Vin blanc
20,20 $ I SAQ : 11889651

« Je ne savais pas qu'il y avait en Ontario un terroir qui pouvait se comparer à la Bourgogne. Ce vin est tout simplement délicieux, il est très bien fait. Je suis encore sous le charme. » Le pinot noir arrivera éventuellement en importation privée. Pour les intéressés, contactez Éric-Gabriel Beauchamp, de l'agence Tannins.

Râble et rillettes de lapin, purée d'oignon, carottes marinées.

Paulo Ferreira

LA référence en vins portugais au Québec. Si Carlos Ferreira est l'âme de ce resto iconique de la scène montréalaise, Paolo en est le chef d'orchestre côté cellier.

FORMATION

Paulo Ferreira a reçu une formation sur le terrain, aux côtés du réputé propriétaire Carlos Ferreira et de son équipe, dont Fernando Afonso, deuxième sommelier de la maison avec qui il partage la responsabilité de la carte de vins.

PARCOURS PROFESSIONNEL

Avant de travailler au Café Ferreira, il a fait ses classes aux chics restaurants italiens Da Emma et Le Latini.

AU-DELÀ DU RESTO

Il a parcouru plusieurs vignobles du Portugal, surtout dans la magnifique vallée du Douro, qui l'émerveille à chaque visite. Avec ses vignes cultivées en plateau, il s'agit assurément d'une des plus belles régions vinicoles au monde, affirme ce fier Portugais.

UNE DÉGUSTATION MÉMORABLE
Niepoort, Porto Colheita, Portugal 1912

Rien de plus impressionnant que de boire un porto de cette maison réputée en compagnie de son propriétaire. Illustre personnage connu de tous, Dirk Niepoort a de la personnalité à revendre. Paulo Ferreira a été fasciné par la complexité de ce porto âgé, qui s'est révélé très agréable en dégustation : « C'est un vin rare et prestigieux que peu auront la chance de goûter dans leur vie. Vive les vieux millésimes ! Voici la preuve vivante que l'on peut conserver certains grands portos plus d'un siècle avec des résultats émouvants ! »

Ferreira Café

ferreiracafe.com

1446, rue Peel, Montréal, Qc H3A 1S8

514 848-0988
info@ferreiracafe.com

Situé en plein centre-ville de Montréal, Le Ferreira Café est une icône de la fine cuisine portugaise et méditerranéenne au Québec. Le restaurateur visionnaire Carlos Ferreira et toute son équipe ont à cœur l'évolution continue de leur restaurant, afin de répondre aux besoins de leur clientèle de connaisseurs. L'accueil chaleureux et professionnel de cet établissement en fait un lieu prisé par le gratin de la métropole.

ORIENTATION VIN

La carte du Ferreira Café met naturellement à l'honneur les vins du Portugal, avec aussi quelques clins d'œil aux vins du reste du monde. La carte s'assure de présenter des bouteilles dans toutes les gammes de prix. « Chacune d'elles a sa personnalité », explique Paulo Ferreira. Son équipe et lui se font un plaisir de trouver les meilleurs accords qui permettront de rehausser l'expérience culinaire de la clientèle.

COMPOSITION DE LA CARTE DES VINS

90 % Portugal, 10 % autres pays

Importations privées : 85 %
Offerts à la SAQ : 15 %

Sélection du sommelier

$

Dona Maria, Julio Bastos,
Alentejo, Portugal 2010
Vin blanc
17,30 $ | SAQ : 11343631

« Un grand vin blanc à petit prix qui
s'ouvre sur de jolies notes d'abricot
et de pêche juteuse. Il a une belle
texture enrobante, avec une pointe
subtilement boisée en finale. Pourvu
d'une acidité surprenante, ce vin
offre équilibre et qualité. »

Calmars grillés, huile de paprika
fumé et piri-piri.

$$$

Quinta do Vallado, Reserva,
Douro, Portugal 2009
Vin rouge
39,50 $ | SAQ : 10540271

« À l'attaque, ce vin masculin
s'exprime avec beaucoup de
personnalité. En carafe, les tannins
s'assouplissent et dévoilent des
notes intenses de cerise, de prune
et de mûre. Le moka et le chocolat
noir en fin de bouche rappellent le
vieillissement en fût de chêne.
Une cuvée splendide ! »

Bouts de côtes, sauce barbecue
maison.

$$

Herdade do Esporào,
Esporào Reserva, Alentejo,
Portugal 2009
Vin rouge
26,55 $ | SAQ : 10838616

« Ce vin possède une robe pourpre
intense aux reflets violacés. Le nez
est exubérant et complexe avec des
notes de fleurs séchées, de fruits
noirs confits et d'épices douces. Il
peut encore vieillir quelques années
en cave. »

Morue noire en croûte de cèpes,
réduction de sauce au porto.

Cuvée d'ici

Inniskillin, Riesling,
Péninsule du Niagara,
Ontario 2008 (375 ml)
Vin de dessert et autres
72,00 $ | SAQ : 10296511

« Ce vin de glace s'ouvre sur des
notes de fruits exotiques (litchi,
ananas) qui durent longtemps pour
notre plus grand bonheur. Rien de
trop lourd grâce à l'acidité vive et
soutenue. Un bijou canadien qu'il
fait bon boire en fin de repas. »

Natas et glace au caramel.

Claude Gauthier

Fin connaisseur, il a apporté une contribution énorme à sa région. Cet autodidacte amoureux des vins français ne vous décevra pas.

FORMATION

Claude Gauthier est diplômé de l'ITHQ, où il a fait partie de la promotion de 1977.

PARCOURS PROFESSIONNEL

Deux ans après avoir terminé sa formation, il décide de fonder son propre établissement et devient ainsi propriétaire du Castel des Prés, où il travaille depuis.

AU-DELÀ DU RESTO

Il a remporté plusieurs fois la mention Carte d'or de la SAQ. En 1986, le Castel des Prés hébergeait dans ses murs le premier bar à vin au Québec. « À l'époque, on nous qualifiait d'extraterrestres ! » plaisante le sommelier-propriétaire.

UNE DÉGUSTATION MÉMORABLE

Casa Lapostolle, Clos Apalta, Vallée de Colchagua, Chili

Claude Gauthier raconte que son séjour au Clos Apalta, au Chili, a révolutionné sa perception des vins du Nouveau Monde. À cette occasion, il a eu le privilège de visiter la cave privée d'Alexandra Marnier Lapostolle, propriétaire du domaine et héritière de la célèbre compagnie Grand Marnier. Il a alors pu déguster tous les millésimes du jeune vignoble, vainqueur en 2005 du titre de «Wine of the Year» attribué par le magazine *Wine Spectator*.

Le Castel des Prés

casteldespres.com

5800, boul. Gene-H.-Kruger, Trois-Rivières, Qc G9A 4P2

819 375-4921
castel@casteldespres.com

Situé sur un grand terrain paysagé, le Castel des Prés propose une cuisine française classique à laquelle se mêlent des inventions inspirées de la bistronomie. Le restaurant comprend quelque 75 places dans chacune de ses deux sections, l'une plus «bistro» (L'Étiquette), l'autre plus «resto» (Chez Claude), ainsi que deux terrasses donnant sur le jardin et cinq salles de réception à l'étage.

ORIENTATION VIN

Claude Gauthier a composé la carte des vins avec l'aide de son partenaire François Larouche. Ils ont choisi d'y classer les vins par ordre décroissant de prix plutôt que par pays, ce qui permet de piquer la curiosité des clients en leur faisant découvrir de nouvelles régions. Depuis 1986, le restaurant possède un appareil Cruover à gaz argon permettant de conserver les bouteilles ouvertes et d'offrir à la clientèle une intéressante sélection de vins au verre.

COMPOSITION DE LA CARTE DES VINS

25 % France, 25 % Espagne,
25 % Italie, 25 % autres pays

Importations privées : 35 %
Offerts à la SAQ : 65 %

Sélection du sommelier

$

Château Bouscassé,
Alain Brumont, Madiran,
Sud-Ouest, France 2010
Vin rouge
19,75 $ | SAQ : 00856575

« Ce vin est tout en finesse, bien
qu'il soit conçu à partir du cépage
tannat, parfois difficile à assouplir à
cause de ses tannins charnus. Au
nez, on retrouve de jolies notes de
mûre sauvage, de moka et de grains
de café torréfiés. Un superbe vin
dense et intense. »

Carré d'agneau aux herbes de
Provence.

$$$

Penfolds, St-Henri, Shiraz,
Australie 2007
Vin rouge
62,75 $ | SAQ : 00510875

« Ce shiraz complexe s'épanouit sur
des notes de confitures de fruits
noirs, de vanille et d'épices (poivre
noir, cannelle). C'est une merveille
lorsqu'il atteint son apogée. La
finale perdure longuement, à notre
grand bonheur. C'est un grand vin
australien à mettre en cave ! »

Filet de bœuf, sauce au poivre vert
ou noir.

$$

Alphonse Mellot,
La Moussière, Sancerre,
Vallée de la Loire, France 2011
Vin blanc
27,30 $ | SAQ : 00033480

« Voici le sauvignon dans toute sa
splendeur ! Ce vin est vif à souhait
et il présente un nez floral et fruité.
Alphonse Mellot est l'un des grands
producteurs de Sancerre. Une valeur
sûre avec des poissons ou des fruits
de mer. »

Trio de la mer (saumon, pétoncles
et crevettes) avec pâtes au beurre
de persil.

Cuvée d'ici

Domaine & Vins Gélinas,
Cavalier du Versant,
Saint-Sévère, Québec 2011
Vin blanc et vin rouge
15,00 $ | Domaine & Vins
Gélinas

« Outre la qualité de ses vins, le
domaine Gélinas a le mérite d'être
situé à Saint-Sévère, tout près de
Trois-Rivières. Pourquoi ne pas
prêcher pour sa paroisse ? Le rouge
s'ouvre sur une belle matière fruitée
rappelant le cassis et la griotte. Il
s'achève sur une finale légèrement
mentholée. À servir frais. »

Bavette à l'échalote ; agneau
du Québec.

Jack Grimaudo

Devenir sommelier aussi jeune dans un établissement Relais &
Châteaux, ça témoigne de beaucoup de talent, il forme un parfait
duo avec le chef Jérôme Ferrer.

FORMATION

Jack Grimaudo a étudié à l'Institut de tourisme et d'hôtellerie du
Québec où il a suivi plusieurs formations en sommellerie. Il s'est
également perfectionné en effectuant plusieurs voyages dans des
régions vinicoles, notamment en Europe et en Amérique du Sud.

PARCOURS PROFESSIONNEL

Après un stage en service à l'Europea en 2009, il gravit un à un
les échelons pour décrocher, trois ans plus tard, le poste de chef-
sommelier du restaurant. Il a aussi travaillé pour le Beaver Hall
et l'Andiamo, restaurants affiliés, et supervise maintenant les
achats d'alcool pour l'ensemble du groupe.

AU–DELÀ DU RESTO

Le fait saillant de sa jeune carrière est certainement d'avoir été
nommé à 23 ans chef-sommelier d'un établissement membre des
Relais & Châteaux. Il a réalisé récemment son rêve de mettre sur
pied sa propre agence d'importation de vins : Importation AMG.

UNE DÉGUSTATION MÉMORABLE
**Recioto della Valpolicella, Giuseppe Quintarelli, Vénétie, Italie
1995**

Jack Grimaudo a eu la chance de déguster plusieurs belles cuvées
en agréable compagnie, il lui est donc difficile de n'en nommer
qu'une seule. Mais la dégustation d'un Recioto della Valpolicella
de Giuseppe Quintarelli a été pour lui une expérience particulière : « C'est alors que j'ai compris que des moments magiques
pouvaient être vécus à travers le vin. »

Restaurant Europea

europea.ca

1227, rue de la Montagne, Montréal, Qc H3G 1Z2

514 398-9229
info@europea.ca

Le restaurant Europea est situé en plein centre-ville montréalais dans une ancienne maison victorienne. Son chef, Jérôme Ferrer, figure au palmarès des Grands Chefs Relais & Châteaux. Il propose une cuisine inventive, avec un accent québécois, qui met en éveil chacun des sens.

ORIENTATION VIN

La carte des vins est majoritairement française et italienne, mais elle contient évidemment quelques références d'autres pays, tels l'Espagne et l'Argentine, et plusieurs cuvées de notre terroir. «Je voulais une carte qui me représente en tant que sommelier, qui met en valeur des vins qui m'ont marqué en me laissant de bons souvenirs», explique Jack Grimaudo. Aussi, sa carte évolue continuellement afin d'offrir les meilleurs produits sur le marché. Elle met de l'avant les plus grands vignerons et des terroirs prestigieux, mais aussi de jeunes artisans qui commencent à percer.

COMPOSITION DE LA CARTE DES VINS

40 % France, 30 % Italie,
20 % Canada et États-Unis, 10 % autres pays

Importations privées : 60 %

Offerts à la SAQ : 40 %

Sélection du sommelier

$

Burlotto, Pelaverga, Verduno,
Piémont, Italie 2011
Vin rouge
18,95 $ I SAQ : 11599063

« Voici un vin aux éclats de cerise
rouge, qui évoque des notes de cuir,
de tabac séché, d'épices asiatiques,
de romarin et de basilic, avec une
touche fumée en finale. La structure
tannique et l'acidité rafraîchissante
sont bien équilibrées. »

Joue de veau lentement braisée.

$$

Domaine de la Bongran,
Viré–Clessé, Bourgogne,
France 2005
Vin blanc
31,50 $ I SAQ : 11661365

« Ce vin de gastronomie exprime le
chardonnay du sud de la Bourgogne
d'une manière inoubliable. Il possède
un nez puissant avec des notes de
citron confit et une touche florale
légèrement terreuse. En bouche,
le vin révèle un équilibre entre
la concentration du fruit et sa
persistance ronde et enrobante. »

Calmars citronnés structurés en
tagliatelles.

$$$

Hervé Leclère,
Reflet de Sélection,
Champagne Premier Cru
Écueil, France
Vin mousseux
43,00 $ I Importation AMG

« Hervé Leclère nous surprend avec
cet assemblage de pinot noir et de
chardonnay. C'est une explosion de
pomme verte, de citron, avec des
touches de caramel brûlé et de
champignon blanc. Une bulle riche et
crémeuse toujours pleine de finesse. »

Parfait pour l'apéritif à un prix
hors pair.

Cuvée d'ici

Michel Levac, Vignoble d'Oka,
Mystère glacé, Québec 2010
Vin de dessert et autres
30,00 $ I Vignoble d'Oka

« Fait à partir de cépages rouges
québécois, ce vin de glace présente
une puissance aromatique qui
évoque le cassis, la mûre, la cerise
noire et la réglisse. C'est surtout
pour son équilibre entre la sucrosité
et l'acidité tranchante que tous
devraient l'essayer. »

Gâteau au chocolat noir épicé aux
éclats de cerises noires.

Etheliya Hananova

La nouvelle figure montante du vin ! Reconnue par ses pairs, elle propose une carte des vins originale et bien pensée, qui sort des sentiers battus.

FORMATION

Etheliya Hananova est diplômée de l'École hôtelière de Laval et possède une attestation de spécialisation professionnelle en sommellerie.

PARCOURS PROFESSIONNEL

Après avoir été serveuse au Club des Pins, aux Caprices de Nicolas et au Brontë, elle a occupé le poste de serveuse-sommelière au Restaurant Ici (New York) et au Club Chasse et Pêche, puis celui de sommelière au Lawrence.

AU-DELÀ DU RESTO

C'est par les voyages qu'elle aime avant tout explorer le monde du vin : « Chaque occasion que j'ai de rencontrer des vignerons sur le terrain, ceux qui élaborent les vins que j'aime, reste toujours une expérience inoubliable. Comprendre le vin selon sa provenance est un incontournable pour moi ! »

UNE DÉGUSTATION MÉMORABLE
Domaine des Roches, Alain et Jérôme Lenoir, Chinon, France 1972

Pour Etheliya Hananova, ce sont souvent les gens avec qui elle se trouve qui font d'une dégustation un souvenir mémorable, comme lorsqu'elle a découvert le chinon du domaine des Roches d'Alain et Jérôme Lenoir : « J'ai eu le privilège de visiter ce domaine en 2011 avec un importateur. Nous nous sommes promenés parmi les vignes avec Jérôme, puis nous avons dégusté plusieurs vieux millésimes dans la cave creusée du domaine qui date d'environ 1400-1500 avant J.-C. Nous avons passé toute la journée là-bas ; je ne voulais plus partir. »

Lawrence

lawrencerestaurant.com

5201, boul. Saint-Laurent, Montréal, Qc H2T 1S4

514 503-1070
lawrence@lawrencerestaurant.com

Le Lawrence est un petit restaurant d'environ 50 couverts qui propose un menu axé sur des aliments venant de petits producteurs québécois aux méthodes saines et responsables. Le restaurant achète des bêtes entières et fait la découpe sur place : toutes les parties de l'animal sont utilisées par la cuisine, qui confectionne ses propres charcuteries. Le style du chef est influencé par les gastronomies anglaise, française et italienne.

ORIENTATION VIN

Etheliya Hananova choisit essentiellement des vins provenant de domaines familiaux ou de petits domaines. Elle privilégie les viticulteurs et vinificateurs qui pratiquent une agriculture saine et qui mettent tout en œuvre pour obtenir une très belle matière première, ce qui leur permet de ne pas utiliser de produits chimiques dans la fabrication de leurs vins. Ce n'est pas tant les certifications officielles qui l'intéressent que la démarche personnalisée de chaque vigneron.

COMPOSITION DE LA CARTE DES VINS

75 % France, 20 % Italie,
5 % autres pays (Grèce, Serbie, États-Unis...)

Importations privées : 95 %
Offerts à la SAQ : 5 %

Sélection du sommelier

$

La Sœur Cadette, Valentin
Montanet, Bourgogne,
France 2011

Vin blanc
19,60 $ I SAQ : 11460660

« Ce vin élaboré par Valentin
Montanet se boit tout seul. Il
est vachement frais, gouleyant
et équilibré, avec de jolies notes
citronnées de minéralité. Sur le
plan du rapport plaisir/prix, il est
pratiquement imbattable. »

Bar rayé cru, tranché et mariné
avec citron confit, topinambours et
huile d'olive.

$$

Domaine de Bellivière,
Les Rosiers, Eric Nicolas,
Jasnières, France 2009

Vin blanc
27,85 $ I SAQ : 11153205

« Le chenin blanc est l'un de mes
cépages préférés, surtout lorsqu'il
provient du nord de la Loire, à
Jasnières. Chacun des millésimes
de cette cuvée produite par Éric
Nicolas est unique, mais ils
présentent toujours une harmonie
exemplaire entre le fruit, la puissance,
la vivacité et la minéralité. »

Maquereau grillé servi avec couteaux
de mer, fèves borlotti, fenouil,
tomates et sauce verte.

$$$

Weingut Clemens Busch,
Riesling Marienburg Grosses
Gewächs, Moselle, Allemagne
2010

Vin blanc
45,00 $ I Ward & Associés

« En Allemagne, c'est mon domaine
préféré, un des rares où on travaille
en biodynamie. Son souci de la vigne
est hors pair. En 2010, Clemens
Busch a réussi à produire des vins
dotés d'une richesse et d'une tension
minérale incomparables. Ce vin de
garde mérite une petite attente pour
révéler toute sa grandeur. »

Râble de lapin enrobé de bacon
avec têtes-de-violon, pommes de
terre, estragon.

Cuvée d'ici

Clos Saragnat, Avalanche,
Frelighsburg, Québec 2009

Vin de dessert et autres
27,40 $ I SAQ : 11133221

« Cette cuvée a été créée par le
pionnier du cidre de glace au Québec.
Christian Barthomeuf n'utilise pas de
produits chimiques dans le verger
ni dans l'élaboration, et il combine
plusieurs variétés de pommes
aigres et amères qui donnent
une complexité profonde à
ses cidres. »

Glace au four.

Robert Herrera

Ce visionnaire passionné a créé un concept original : Les Cavistes, resto où vous pouvez acheter des produits d'importation privée pour emporter.

FORMATION

Robert Herrera a acquis ses connaissances en sommellerie « à l'école de la restauration », pendant qu'il poursuivait ses études en économie et en science politique.

PARCOURS PROFESSIONNEL

Il a ouvert Le Gutenberg, puis a participé à l'ouverture du Decca77. Il a ensuite été maître d'hôtel à la Brasserie Holder, avant d'ouvrir un premier Cavistes sur la rue Saint-Denis, puis un deuxième dans le quartier Ahuntsic.

AU-DELÀ DU RESTO

Lorsqu'il était acheteur-sommelier pour le groupe Holder, il a contribué à l'essor de l'importation privée au Québec, qui n'en était alors qu'à ses balbutiements.

UNE DÉGUSTATION MÉMORABLE

Château Haut-Brion, Pessac-Léognan, Bordeaux, France 1982

Pour Robert Herrera, les meilleurs flacons sont ceux qu'on partage avec des gens lors d'événements uniques. Mais s'il doit retenir une bouteille d'exception, alors ce serait un Château Haut-Brion 1982 qui l'a déjà, dit-il, « pas mal impressionné ». Le vin était présenté avec une longue série de grands crus incluant Opus One, Tignanello et Screaming Eagle, et il a réussi à tirer son épingle du jeu grâce à sa personnalité forte et classique : « Au final, même après un porto millésimé et un champagne de grande distinction, c'est ce grand médocain qui est demeuré la référence de cette soirée. »

Les Cavistes

restaurantlescavistes.com

196, rue Fleury Ouest, Montréal, Qc H3L 1T5

514 508-5033
info@restaurantlescavistes.com

Situés dans le quartier Ahuntsic, Les Cavistes proposent une ambiance bistro avec une salle à manger et un bar de 75 places. La mission des Cavistes est de contribuer à la démocratisation du savoir et de la dégustation du vin. À cette fin, l'établissement cherche à introduire des produits qui ont une personnalité distincte, tant au niveau du terroir que de la vinification. Les vins servis en salle sont tous d'importation privée, et les convives peuvent aussi se les procurer dans l'espace boutique-dégustation.

ORIENTATION VIN

La carte des Cavistes repose sur un postulat de simplicité et de découverte. Elle privilégie des vins frais, d'une grande buvabilité, accessibles à plusieurs palais et préconisant le fruit, idéalement de culture raisonnée ou biologique. Les cuvées doivent aussi être accessibles quant à leurs prix, et leur façon de stimuler les sens, ce qu'on appelle les «caractéristiques organoleptiques» du vin. «L'idée fondamentale derrière le service du vin est de favoriser le plaisir, et tant mieux si cela se fait à travers la découverte.»

COMPOSITION DE LA CARTE DES VINS

33 % France, 20 % Italie, 20 % Espagne,
20 % Amériques, 7 % autres pays

Importations privées : 100 %

Sélection du sommelier

$

Parés Baltà, Cava Brut,
Catalogne, Espagne

Vin mousseux
15,95 $ | SAQ : 10896365

« Réputée pour ses cavas amples
et suaves et sa multitude de
micro-cuvées toutes plus précises
les unes que les autres, la famille
Cusiné nous réconcilie avec la
denominación de origen cava, qui
emprunte sa seconde fermentation
en bouteille à la méthode champenoise traditionnelle. »

Huîtres parfumées à la gelée du
même vin.

$$$

Bodeguera de Valenciso, Rioja
Reserva, Espagne 2006

Vin rouge
37,55 $ | Vini-Vins

« Lorsque vous êtes un bodeguero
en Rioja et que vous choisissez de
ne faire qu'une seule cuvée Reserva,
vous vous devez d'être sérieux. Ce
vin de culture raisonnée surprend
par sa souplesse, sa finesse et son
équilibre. Seize mois d'élevage en
fût soutiennent ses arômes
évolués. »

Lotte grillée, sauce de poivrons et
tomates rôties.

$$

Domaine Vacheron, Sancerre,
Loire, France 2011

Vin blanc
29,75 $ | SAQ : 10523892

« Lorsqu'on recherche fraîcheur et
droiture dans un sauvignon blanc,
il est temps de revenir aux sources
sancerroises. Qui de mieux que la
famille Vacheron, nouvellement
biodynamique, pour nous rapprocher
de l'élégance aristocratique de
la Loire ? »

Crevettes marinées grillées au
barbecue avec une dominante
de yuzu.

Cuvée d'ici

Vignoble Rivière du Chêne,
Phénix, Saint-Eustache,
Québec 2001

Vin blanc
21,50 $ | Vignoble Rivière
du Chêne

« Le Phénix de la Rivière du Chêne
est l'exemple parfait de ce qu'une
vinification soignée peut apporter à
des cépages autochtones. Soutenu
par un élevage précis, l'assemblage
de saint-pépin, de vandal-cliche et
de vidal présente des arômes de
crème fraîche et de noisette. »

Fromage thermisé de lait de vache
de l'Île-aux-Grues ; Canotier de l'Isle.

Simon Jobin

Enjoué et relax, Simon Jobin complète bien l'ambiance feutrée du Saint-Amour. Son approche structurée et minutieuse montre qu'il maîtrise sa matière avec classe.

FORMATION

Simon Jobin détient une attestation de spécialisation professionnelle en sommellerie de l'École hôtelière de la Capitale.

PARCOURS PROFESSIONNEL

Hormis un passage de quelques mois au restaurant Brontë, il travaille au Saint-Amour depuis 1997.

AU–DELÀ DU RESTO

Il participe aux Sélections mondiales des vins depuis plusieurs années. Il est aussi propriétaire de l'agence promotionnelle Importation Le Pot de Vin, pour le compte de laquelle il voyage régulièrement à travers le monde vinicole.

UNE DÉGUSTATION MÉMORABLE

Domaine André-Michel Brégeon, Muscadet Sèvre et Maine Gorges, France 2004

Parmi tous les vins qu'il a eu la chance de déguster en bonne compagnie se démarque le Muscadet du domaine Brégeon : « Le vin avait une couleur cristalline et beaucoup d'éclat. Un nez expressif qui annonçait déjà une bouche minérale. Avec des notes d'agrumes - lime et citron - et de fleurs blanches. » Pour un élevage prolongé sur lies fines, la bouche était à la fois vive et grasse et présentait des note d'iode, avec cette finale sapide tant recherchée dans les meilleurs vins de l'appellation. « Une grande émotion ! » conclut Simon Jobin.

Le Saint-Amour

saint-amour.com

48, rue Saint-Ursule, Québec, Qc G1R 4E2

418 694-0667
delice@saint-amour.com
sommellerie@saint-amour.com

Situé à deux pas de la porte Saint-Louis, à l'entrée du Vieux-Québec, Le Saint-Amour est un restaurant de 110 places au service aimable, discret et courtois. Dans une ambiance chaleureuse et de grande classe, il propose une cuisine française gastronomique, actualisée selon les arrivages du marché. Sa spécialité est le foie gras de canard.

ORIENTATION VIN

Axé sur les vins de vignerons et de terroir, le cellier du Saint-Amour comprend plus de 12 000 bouteilles et plus de 1 100 références. Bien que majoritairement composée de vins de France et d'Europe, la carte cherche également à promouvoir le vignoble canadien. Chacun des vins est choisi en fonction des mets avec lesquels il sera dégusté, souligne Simon Jobin, mais aussi du «lieu où il sera consommé». La carte du Saint-Amour a obtenu à plusieurs reprises la mention «Best of Award of Excellence» du magazine *Wine Spectator*.

COMPOSITION DE LA CARTE DES VINS

60 % France, 20 % autres pays d'Europe,
10 % États-Unis, 5 % Canada, 5 % autres pays

Importations privées : 70 %
Offerts à la SAQ : 30 %

Sélection du sommelier

$

Planeta, La Segreta,
Sicile, Italie 2012
Vin blanc
17,15 $ I SAQ : 00741264

« C'est un bon vin blanc de soleil,
aux arômes de fruits à chair jaune :
ananas, pêche et agrumes. Sa riche
texture et son acidité lui confèrent
un bel équilibre. La jolie amertume
en finale nous donne envie d'en
reprendre encore et encore. »

Volaille rôtie, sauce au lait de coco,
agrumes (lime-citron) et herbes
fraîches (coriandre ou menthe).

$$$

François Mikulski, Meursault,
Côte de Beaune, Bourgogne,
France 2011
Vin blanc
53,00 $ I SAQ : 11436070

« Voilà le chardonnay à son meilleur,
issu d'un grand terroir. L'usage de
la barrique est savamment dosé.
Grâce à sa grande minéralité et à
sa richesse de saveurs, ce vin est fait
pour les grandes occasions. Long et
complexe, il en donne beaucoup pour
chaque dollar investi. »

Homard de la Gaspésie, sauce à la
crème et risotto aux agrumes.

$$

Domaine du Vissoux,
Les Pierreux, Brouilly,
Beaujolais, France 2010
Vin rouge
22,75 $ I SAQ : 11305660

« Ce Brouilly offre une qualité
constante. Toujours plein de fruits,
il présente des tannins fins qui sont
juste assez présents en finale. C'est
un vin de plaisir qu'on peut boire
autant à l'apéro qu'en mangeant. »

Charcuteries ; ris de veau braisés
avec sauce au vin de muscat de
Samos légèrement crémée et
morilles fraîches.

Cuvée d'ici

Bachelder, Chardonnay,
Péninsule du Niagara,
Ontario 2010
Vin blanc
29,95 $ I SAQ : 11873721

« Ce vin du sympathique et passionné
vigneron d'origine montréalaise
Thomas Bachelder occupe en
permanence la carte du Saint-Amour.
Ce vin de qualité du terroir canadien
présente un nez délicat de fruits
exotiques, avec une bouche minérale
et cristalline. »

Morue rôtie en croûte de sésame.

Pierre Jullien

Passionné de vins italiens, il est à la tête du Graziella, qui connaît un essor remarquable. Il vous fera découvrir des appellations flyées de qualité !

FORMATION

Pierre Jullien a suivi sa formation hôtelière (spécialisée en sommellerie et crus des vins) en France, sous la direction de Georges Lepré, collaborateur à *La Revue du vin de France* et chef-sommelier au Grand Véfour et au Ritz Paris.

PARCOURS PROFESSIONNEL

Il a été sommelier dans plusieurs grands hôtels (Intercontinental Paris, Ritz Paris, Intercontinental Montréal, Westin Montréal, Opus II) avant de joindre l'équipe du restaurant Graziella.

AU–DELÀ DU RESTO

Il adore partager ses connaissances vinicoles auprès de ses collègues, clients et amis, et ce, depuis le tout début de sa carrière. Durant huit ans, il a animé le club *Vini e Amici,* voué à la découverte du vignoble italien.

UNE DÉGUSTATION MÉMORABLE
Gaja, Sorì San Lorenzo, Barbaresco, Piémont, Italie 1985

C'est grâce à ce grand cru d'Angelo Gaja, dégusté en 1996, que Pierre Jullien a pris conscience que la région du Piémont, dans le nord de l'Italie, peut produire des vins du même calibre que la Bourgogne. « Le parcellaire y est aussi important, et chaque village ou lieu-dit parvient à ciseler des crus différents en monocépage. »

Graziella

restaurantgraziella.ca

116, rue McGill, Montréal, Qc H2Y 2E5

514 876-0116
info@le116.ca

Dans un décor moderne où abondent les matériaux naturels, le restaurant de la chef-propriétaire Graziella Battista offre une gastronomie inspirée des régions du nord de l'Italie (Émilie-Romagne, Vénétie, Piémont, Marches). Conçue à partir de produits locaux et de saison, sa cuisine présente une forte personnalité tout en faisant preuve de délicatesse. Le vin est une passion partagée par toute l'équipe, et plusieurs événements vinicoles et dégustations ont lieu dans les salles privées du restaurant.

ORIENTATION VIN

Pierre Jullien a conçu sa carte avec le souci de respecter les appellations et les cépages dans leurs terroirs d'expression. Les deux qualités qu'il recherche avant tout sont la finesse et l'authenticité. Sa carte met de l'avant des vins nature, de petits producteurs et des raretés.

COMPOSITION DE LA CARTE DES VINS

60 % Italie, 30 % France,
10 % autres pays

Importations privées : 90 %
Offerts à la SAQ : 10 %

Sélection du sommelier

$

Duca di Salaparuta, Florio
Vecchioflorio, Marsala,
Sicile, Italie 2009
Vin fortifié
14,35 $ | SAQ : 00067199

« Ce vin fortifié est trop souvent
utilisé en cuisine alors qu'il présente
une typicité extraordinaire. Ses
arômes d'amande et de figue sèche,
ainsi que son côté légèrement
oxydatif permettent des mariages
heureux avec les fromages et les
desserts. »

Zuccotto rivisitato (génoise au
chocolat, mousse au chocolat et à
la châtaigne, fondant au chocolat,
glace à l'huile d'argan).

$$

Jermann, Blau & Blau, Rosso
delle Venezie, Italie 2010
Vin rouge
32,50 $ | SAQ : 11035823

« Ce blaufränkisch souple, fin
et minéral se situe dans la même
lignée que les grands vins autrichiens.
On y sent bien la marque du plus
grand vinificateur de blanc en
Italie : Jermann. »

Ravioli di stinco di porcellino, sugo
di carne, pomodorini e cipollina
(ravioli au jarret de porcelet, jus de
viande, tomates cerises et oignons).

$$$

Ottin, Petite Arvine,
Vallée d'Aoste, Italie 2011
Vin blanc
35,00 $ | La QV

« Issue d'une production minimaliste,
cette cuvée constitue certainement
la plus belle petite arvine du Val
d'Aoste. Ce cépage, cultivé
habituellement en Suisse, dans
le Valais, produit des vins secs,
droits et vifs. C'est un bonheur de
pouvoir servir un produit aussi
rare au Québec ! »

Risotto alla Valdostana (risotto à la
Fontina du Val d'Aoste et jeunes
poireaux).

Cuvée d'ici

Pearl Morissette, Pinot Noir,
Twenty Mile Bench VQA,
Niagara, Ontario 2007
Vin rouge
40,00 $ | Vinealis

« Ce pinot noir moderne, au fruit
bien marqué par un passage dosé
en barrique, est une de mes plus
belles découvertes de l'année ! Il
mérite amplement un mariage avec
notre plat signature, aux parfums
délicats de safran, de citron, de
noix de pin et de tomate légère. »

Osso buco à la milanaise
avec risotto.

Mélanie Lalonde

Comment résister au charme de Mélanie? Audacieuse et adorable, cette professionnelle aime faire varier sa carte chaque semaine.

FORMATION

Mélanie Lalonde a suivi une formation en sommellerie à l'Institut d'hôtellerie de Laval, sous la direction de Don-Jean Léandri.

PARCOURS PROFESSIONNEL

Avant de travailler au Mangiafoco, elle a été serveuse et sommelière chez Pullman, au bistro Chez Roger, ainsi qu'Au pied de cochon, où elle a été responsable de la carte des vins.

AU-DELÀ DU RESTO

Ses études de sommellerie à peine terminées, elle part six mois dans des vignobles de France pour vivre l'aventure des vendanges et de la vinification. La rencontre de vignerons passionnés et produisant du vin à petite échelle sera pour elle une expérience «pleine de saveurs, de parfums et de rythme».

UNE DÉGUSTATION MÉMORABLE

Bruno Schueller, Le Chant des Oiseaux, Pinot noir, Alsace, France 1999

À l'occasion d'un voyage en Alsace, Mélanie Lalonde est invitée à déjeuner à la table de M. Schueller, après avoir dégusté en cave quelques cuvées du millésime 2011. Le repas, qui se déroule dans une atmosphère conviviale, est arrosé de crémant. Puis arrive le moment où on dépose devant elle un verre de rouge. En bouche, c'est une explosion gustative, comme un déroulement de dentelles fines : «On m'avait dit qu'un vin pouvait créer de grandes émotions, confie-t-elle. C'est les larmes aux yeux que j'ai entendu le chant des oiseaux.»

Mangiafoco

mangiafoco.ca

105, rue Saint-Paul Ouest, Montréal, Qc H2Y 1Z5

514 419-8380
info@mangiafoco.ca

Situé au cœur du Vieux-Montréal, dans un décor audacieux conçu par Bruno Braën, le Mangiafoco sert des pizzas cuites au four à bois dans le respect de la grande tradition napolitaine. Le chef Jean-Cédric Morency propose également des créations originales sur pâte à pizza et des assiettes où il décline la mozzarella sous toutes ses formes. En fin de soirée, on monte le son et le prosecco coule à flots!

ORIENTATION VIN

La carte des vins du Mangiafoco est essentiellement italienne. Elle renferme des grands classiques du Piémont et de la Toscane, mais aussi des trouvailles issues de diverses régions et de cépages autochtones. Mélanie Lalonde explique qu'elle choisit avant tout «des vins de personnes», c'est-à-dire des vins faits avec le cœur et qui reflètent le terroir et la passion des gens qui les produisent.

COMPOSITION DE LA CARTE DES VINS

100 % : Italie

Importations privées : 70 %
Offerts à la SAQ : 30 %

Sélection du sommelier

$

Bisol, Prosecco
di Valdobbiadene, Brut
Crede, Vénétie, Italie 2011

Vin mousseux
19,85 $ | SAQ : 10839168

« Le prosecco est un vin qui donne
envie de faire la fête ! Légères et
sans prétention, les bulles fines du
Crede de Bisol se boivent en toutes
occasions. Pas besoin de trouver
des excuses pour faire *pop* ! »

À l'apéro, avec les antipasti ou
en fin de repas...

$$

Fratelli Alessandria,
Verduno Pelaverga « Speziale »,
Piémont, Italie 2011

Vin rouge
24,80 $ | SAQ : 11863021

« Le pelaverga est un cépage
autochtone cultivé uniquement
à Verduno, petite commune du
Piémont. Ce vin présente des
arômes complexes de petits fruits
rouges, de rose et de poivre noir
fraîchement moulu. En bouche, il
est ample, frais et fruité, avec des
tannins souples. »

Plateau de charcuteries.

$$$

La Biancara, Angiolino Maule,
Pico Faldeo,
Vénétie, Italie 2009

Vin blanc
33,50 $ | Glou

« Issus de la tradition en Italie, mais
curiosités pour nous, les vins oranges
sont des vins blancs ayant subi une
macération pelliculaire. Angiolino
Maule utilise le garganega, cépage
typique de sa région, qu'il interprète
à sa façon. Il en résulte un vin
jaune-or épicé et minéral à la
bouche équilibrée, ample et
fraîche. »

Pizza deux champs (morilles du
Québec, shiitakes, parmigiano
reggiano parfumé à l'huile de truffe).

Cuvée d'ici

Domaine Les Pervenches,
Seyval-Chardonnay, Farnham,
Québec 2011

Vin blanc
16,50 $ | La QV

« Les Pervenches est un petit domaine
situé dans les Cantons de l'Est.
Le couple Hupin-Marler y pratique
une agriculture biologique et
biodynamique depuis 2005. La
cuvée Seyval-Chardonnay surprend,
le nez charme et, en bouche, c'est
sec, minéral et frais... Un vin qui
donne soif ! »

Betteraves chioggia au fromage de
chèvre frais, écume de griottes et
pistaches siciliennes rôties.

Maude Lambert

Cette femme a plus d'un atout dans son jeu. Elle nous fait penser à une bouteille de champagne : pétillante et effervescente !

FORMATION

Maude Lambert possède un diplôme en gestion hôtelière ainsi qu'une formation en sommellerie de l'ITHQ.

PARCOURS PROFESSIONNEL

Avant de devenir copropriétaire (et sommelière attitrée !) du restaurant Le Bouchon, elle a occupé le poste de chef de rang aux Trois Tilleuls, puis celui de sommelière à l'Auberge Hatley, deux établissements membres des Relais & Châteaux.

AU-DELÀ DU RESTO

À l'Auberge Hatley, elle a eu la chance de superviser une cave à vin d'exception comprenant 1400 références et qui a obtenu plusieurs mentions de la part du magazine *Wine Spectator*. Alain Bélanger, qui en était le sommelier avant qu'elle ne prenne le relais, a remporté la troisième position au concours du Meilleur sommelier du monde en 2000. Maude Lambert a d'ailleurs fait partie de l'équipe de préparation de sa sœur, Élyse Lambert, au concours du Meilleur sommelier du monde 2010. Cette expérience, confie-t-elle, lui a permis d'approfondir grandement ses connaissances en sommellerie.

UNE DÉGUSTATION MÉMORABLE
Château Gruaud Larose, Saint-Julien, Bordeaux, France 1989

C'est à l'occasion d'un voyage en France et d'une visite au château qu'elle a eu l'occasion de goûter à ce grand cru du Bordelais. La philosophie des propriétaires, le style du vin, la gentillesse des gens et la beauté du domaine ont fait de cette dégustation un coup de cœur inoubliable.

Le Bouchon

lebouchon.ca

107, rue Frontenac, Sherbrooke, Qc J1H 1J7

819 566-0876
lebouchon@bellnet.ca

Situé au centre-ville de Sherbrooke, ce restaurant de 70 places propose une cuisine d'inspiration française. Doté de trois étages, il peut recevoir des groupes privés. En saison, une terrasse donne sur la place publique tandis que l'arrière du restaurant offre une vue imprenable sur la rivière Magog. Le Bouchon organise des soirées « Bouchon-Nez », où les clients peuvent déguster et acheter une vingtaine de vins présentés par des agences.

ORIENTATION VIN

La carte évolue continuellement selon les saisons, et la plupart des vins ont été choisis à la suite de coups de cœur : « Mon objectif est de pouvoir faire découvrir des vins à nos clients réguliers, qui sont friands de nouveautés ! » La carte représente également les vins de France, du reste de l'Europe et du Nouveau Monde. Le Bouchon a décroché une mention Carte d'or du Québec en 2008 et en 2009. Il est aussi reconnu pour son intéressante sélection de vins au verre.

COMPOSITION DE LA CARTE DES VINS

33 % France, 34 % autres pays d'Europe,
33 % Nouveau Monde

Importations privées : 87 %
Offerts à la SAQ : 13 %

Sélection du sommelier

$

Liberty School, Chardonnay,
Central Coast, Californie,
États-Unis 2011

Vin blanc
19,95 $ | SAQ : 00719443

« Ce chardonnay assemblé avec
un peu de viognier (5 %) et de
marsanne (5 %) donne un vin mûr,
puissant, tout en richesse avec une
belle longueur en bouche. Il présente
des notes tropicales avec un beau
côté grillé. Le gras du vin permet de
beaux accords de texture. »

Cervelle de veau en croûte de
sésame et sa tombée de fenouil.

$$$

Domaine de la Grange des
Pères, Vin de pays de l'Hérault,
France 2007

Vin rouge
87,00 $ | La Céleste Levure

« Ce vin de pays à base de cabernet,
de syrah et de mourvèdre à petits
rendements est un des grands vins
du Languedoc-Roussillon. Produit
sur un petit vignoble de 11 hectares,
il est élevé en fût de chêne durant
24 mois. »

Longe de kangourou grillée
aux cinq épices.

$$

Belle Glos Wines, Meiomi
Pinot Noir, Sonoma, Californie,
États-Unis 2011

Vin rouge
25,05 $ | SAQ : 10944208

« Ce pinot noir est gourmand, avec
des notes de fruits mûrs et une
belle finale épicée. Grâce à la
souplesse de ses tannins, on peut
le déguster en jeunesse. C'est un vin
passe-partout qui peut être servi
avec un poisson grillé ou une viande.
Un beau rapport qualité/prix fait par
le même producteur que Caymus. »

Tataki de thon en croûte d'érable,
vinaigrette au tamari.

Cuvée d'ici

Le Clos Jordanne, Chardonnay
Village Réserve, Péninsule du
Niagara, Ontario 2009

Vin blanc
41,50 $ | SAQ : 11072131

« Petit cousin de la Bourgogne,
ce chardonnay de la péninsule du
Niagara est le fruit d'un assemblage
de trois parcelles. Cultivé de façon
biologique, il montre une belle et
riche intensité. L'élevage en fût
de plus de 15 mois lui apporte sa
minéralité, avec une finale épicée. »

Nem de crabe, salade d'avocat et
mangue, sauce aux noix de cajou.

Francis Larchet

Apprécié de sa clientèle, cet homme soucieux du détail sait jongler avec les plus beaux vins d'Italie. À Québec, le Michelangelo propose LA carte italienne par excellence.

FORMATION

Francis Larchet a suivi une formation de chef de rang à l'École hôtelière de Gérardmer en France. Il a acquis ses connaissances en sommellerie de manière autodidacte au fil de sa longue carrière dans la restauration.

PARCOURS PROFESSIONNEL

Il a fait ses premiers pas en restauration à Metz, en France, au restaurant de la Marne, étoilé Michelin, ainsi qu'en Suisse, au restaurant du Col des Mosses. En 1975, il immigre au Québec et travaille dans plusieurs établissements (Guido, Le Continental, l'Auberge des Gouverneurs) avant d'entrer au Michelangelo, où il est en poste depuis 38 ans.

AU-DELÀ DU RESTO

Francis Larchet a visité plusieurs vignobles de son pays natal, notamment dans la Bourgogne, à Pommard, Givry et Mercurey. De ses séjours dans le Bordelais, il garde notamment un beau souvenir de son passage au château Magnol de Barton & Guestier, producteur d'un cru bourgeois dans le Haut-Médoc.

UNE DÉGUSTATION MÉMORABLE

Château Beychevelle, Saint-Julien, Bordeaux, France 2005

Le sommelier apprécie tout particulièrement ce vin de Saint-Julien, qu'il a eu l'occasion de déguster en plusieurs occasions. « C'est un vin avec beaucoup de caractère, beaucoup de force. Je le préfère aux vins du Médoc, car il est plus accessible au niveau du fruit. »

Michelangelo

lemichelangelo.com

3111, chemin Saint-Louis, Québec, Qc G1W 1R6

418 651-6262
info@lemichelangelo.com

Le Michelangelo est un restaurant de gastronomie haut de gamme qui a été primé «Véritable restaurant italien hors Italie» par nul autre que le président de la république. Dans une ambiance feutrée de style Art déco, il propose une cuisine typiquement italienne et fabrique ses pâtes fraîches sur place. La salle à manger comprend plusieurs alcôves, et l'établissement abrite aussi quelques salons privés ainsi qu'une salle de réception.

ORIENTATION VIN

Riche de plus de 30 000 bouteilles, l'impressionnante cave de garde du Michelangelo lui a valu de nombreuses mentions du magazine *Wine Spectator*. Elle renferme les meilleures cuvées du vignoble italien, dont une sélection garnie de super toscans, de brunellos, de barolos, de barbarescos et autres Amarone. Pour le reste, la carte n'oublie pas non plus les grands crus de Bordeaux, dont elle propose les châteaux les plus réputés.

COMPOSITION DE LA CARTE DES VINS

80 % Italie, 10 % France, 10 % États-Unis

Importations privées : 30 %
Offerts à la SAQ : 70 %

Sélection du sommelier

$

San Felice, Chianti Classico,
Toscane, Italie 2010
Vin rouge
20,70 $ I SAQ : 00245241

« Cet assemblage de sangiovese
offre un vin très agréable, rond en
bouche, sans amertume, avec une
acidité bien équilibrée. Fruits noirs
(cassis), poivre et boisé raffiné en
finale. Délicieux pour le prix. »

Escalope de veau.

$$

Falchini, Paretaio, Toscane,
Italie 2007
Vin rouge
25,00 $ I Importation privée,
offert uniquement au
Michelangelo

« Ce vin de Toscane est composé de
sangiovese à 100 %. Sec et léger, il
présente une robe claire avec un
bouquet de cerise. Polyvalent, il est
très agréable avec des pâtes sauce
tomate, mais aussi sur des viandes
rouges. C'est un vin qui plaît
beaucoup aux femmes ! »

Assiette de pâtes.

$$$

Roncolato, Carnera, Amarone
della Valpolicella, Vénétie,
Italie 2007
Vin rouge
40,00 $ I Importation privée,
offert uniquement au
Michelangelo

« Ce vin bio se distingue par ses
arômes et la force de ses tannins. La
technique du passerillage, typique
des vins d'Amarone, augmente la
concentration du sucre dans les
raisins et donne un vin profond,
épicé, avec des notes de prune et
de chocolat en finale. »

Bistecca alla fiorentina.

Cuvée d'ici

Vineland Estates Winery,
Cabernet-Merlot, Péninsule
du Niagara, Ontario 2008
Vin rouge
20,35 $ I SAQ : 11140383

« J'aurais pu citer le Grand Vin
d'Osoyoos Larose, conçu par le
maître de chai de Gruaud Larose,
un vin canadien d'une structure
exceptionnelle. Mais j'ai été
aussi très impressionné par le
Cabernet-Merlot de Vineland
Estates. Cet autre assemblage
bordelais, conçu juste ici en
Ontario, est d'une qualité
surprenante. »

Côte de veau grillée.

Lucien Leblanc

Lucien parle avec ses mains, il incarne le bonheur à la puissance mille! Amoureux des vins d'Europe, il connaît sa matière par cœur.

FORMATION

Lucien Leblanc est diplômé de l'ITHQ à Montréal en service et techniques de restauration. Il a aussi suivi des cours privés en sommellerie auprès de M. Jean Draghi.

PARCOURS PROFESSIONNEL

Il a commencé sa carrière au Desjardins Seafood, puis chez Alexandre et à La Tour Eiffel, où il a été assistant-sommelier d'une cave de plus de 15 000 bouteilles. Il revient ensuite vers Trois-Rivières, son patelin natal, pour travailler au Castel des Prés, à L'Accueil (Sainte-Angèle-de-Laval) et à L'Entrecôte. En 1995, il décide de voler de ses propres ailes et fonde Le Guéridon.

AU-DELÀ DU RESTO

En 1990, il s'est hissé sur le podium à l'occasion d'une dégustation à l'aveugle réunissant une cinquantaine de sommeliers réputés au Centre des congrès de Drummondville.

UNE DÉGUSTATION MÉMORABLE

Argiolas, Turriga, Isola dei Nuraghi Rosso IGT, Sardaigne, Italie 1995

Lucien Leblanc a dégusté cette cuvée signée Giacomo Tachis, créateur réputé de la Tenuta San Guido d'Antinori, chez un ami restaurateur de Québec. Dans un décanteur reposait l'élixir à la robe rubis et aux parfums de fruits mûrs. En bouche, l'équilibre entre l'alcool et le boisé subtil était enjôleur. Avec un carré de caribou aux myrtilles confites, ce repas a été «l'un des meilleurs que j'ai dégustés de ma vie», se rappelle Lucien Leblanc.

Le Guéridon

tourismetroisrivieres.com/fr/restauration/
restaurants/restaurant-le-gueridon/1010

275, rue Saint-Roch, Trois-Rivières, Qc G9A 2L4

819 691-1569

Le Guéridon est situé dans la périphérie du centre de Trois-Rivières, dans un bâtiment que Lucien Leblanc a fait construire lui-même. Le restaurant, de style nappe blanche, peut accueillir 44 convives au rez-de-chaussée et 35 à l'étage. La cuisine d'inspiration française compte parmi ses spécialités le tartare, le chateaubriand, les crustacés décortiqués en salle, le sabayon, les fraises au poivre et la crêpe Suzette.

ORIENTATION VIN

À ses débuts, la carte était constituée surtout de grands crus français et italiens, puis s'y sont ajoutés des vins du Nouveau Monde. La carte du Guéridon est recherchée par les amateurs de vieux millésimes et de grands formats, magnums et jéroboams. Lucien Leblanc aime d'ailleurs écouter ses clients connaisseurs analyser les vins qu'ils dégustent. Les courtiers en importations privées, remarque-t-il, permettent souvent de faire de belles découvertes.

COMPOSITION DE LA CARTE DES VINS

30 % France ; 20 % Italie ; 40 % États-Unis ;
10 % Espagne, Australie, Portugal, Turquie, Chili

Importations privées : 60 %
Offerts à la SAQ : 40 %

Sélection du sommelier

$

Taurino, Salice Salentino
Riserva, Les Pouilles,
Italie 2008

Vin rouge
15,90 $ I SAQ : 00411892

« D'abord et avant tout, j'apprécie la
puissance de cette cuvée, année
après année. Issu d'une région
modeste de l'Italie, ce vin surprend
par sa complexité et son prix plus
que raisonnable compte tenu de sa
qualité. » On y relève avec bonheur
des notes de pruneau et de figue
supportées par des tannins charnus.

Agneau au four avec herbes de
Provence ; tagliatelles aux poivrons
coupés finement.

$$$

Château Coucy, Montagne
Saint-Émilion, Bordeaux,
France 2005

Vin rouge
35,00 $ I Trialto

« Je suis un grand amateur du
Libournais, car j'aime le merlot.
Ce saint-émilion d'un millésime
soigné à souhait m'a grandement
surpris. Malgré des tannins encore
un peu asséchants, il nous comble
avec sa longueur en bouche et ses
notes torréfiées qui rappellent les
meilleurs bordeaux. »

Tartare de bison moutarde ; osso
buco de bison.

$$

Joseph Phelps, Innisfree,
Cabernet sauvignon,
Californie, États-Unis 2009

Vin rouge
31,25 $ I SAQ : 11419616

« Je suis tombé amoureux de ce
cabernet sauvignon bien équilibré,
avec une touche de syrah et de
cabernet franc. J'ai découvert
ensuite qu'il provient du vignoble
de Sir Joseph Phelps, celui-là même
qui produit le célèbre Insigna Napa
Valley. C'est un vin de plaisir.
L'équilibre entre le fruit, le bois
et l'alcool est remarquable. »

Chateaubriand bouquetière.

Cuvée d'ici

Quail's Gate Estate Winery,
Merlot, Colombie-Britannique
2008

Vin rouge
26,95 $ I SAQ : 11262938

« Ce merlot du domaine Quails'
Gate n'est pas sans faire penser
au Grand Vin d'Osoyoos Larose.
Vous ne pouvez pas ne pas aimer un
produit conçu aussi minutieusement
et par une main de maître. »

Autruche aux morilles ;
bœuf aux trois poivres.

Andrew Lévesque

Ici, personne ne perd son temps à consulter la carte, car la carte...
c'est Andrew! L'Europe y tient le haut du pavé, toujours à bon
prix. Un voyage mémorable à tout coup.

FORMATION

Andrew Lévesque a suivi un parcours d'autodidacte en travaillant
dans des endroits réputés à travers le Canada.

PARCOURS PROFESSIONNEL

Il a travaillé dans plusieurs hôtels (Ritz-Carlton, Banff Springs
Hotel, Westin Resort & Spa Tremblant) ainsi que dans de multiples
restaurants reconnus (Soto, Milos, Le Pois Penché et L'Escabèche).

AU-DELÀ DU RESTO

La plus grande gratification que lui apporte son travail de sommelier est d'amener un client à quitter sa «zone de confort»,
puis de voir ses yeux briller de bonheur alors qu'il déguste un vin
qu'il ne connaissait pas. «C'est pour cette raison qu'on fait ce
métier, conclut Andrew Lévesque. Nous sommes des marchands
de plaisir.»

UNE DÉGUSTATION MÉMORABLE
Le champagne, sous toutes ses coutures!

Ce n'est pas d'un vin précis qu'il se souvient, mais du plaisir qui
accompagne l'ouverture de n'importe quelle bouteille de champagne, geste synonyme de réjouissances et de célébration : «Depuis
ma plus jeune enfance, je me souviens de ce rituel festif, lorsqu'une
bouteille de bulles éclatait. La magie du champagne est telle qu'il
peut tout autant souligner un événement que le créer.»

L'Escabèche

lescabeche.com

695, avenue de l'Hôtel-Dieu, Saint-Hyacinthe, Qc J2S 5J8

450 250-8484
info@lescabeche.com

Situé dans une des plus vieilles bâtisses du centre-ville de Saint-Hyacinthe, L'Escabèche est un petit restaurant de 36 places qui a vu le jour en mai 2010. Son propriétaire a cherché à en faire un lieu chaleureux, convivial et urbain. Sa cuisine s'inspire du soleil de la Méditerranée, là où les gens savent prendre le temps de déguster un bon repas.

ORIENTATION VIN

En accord avec sa cuisine, L'Escabèche propose une carte composée de vins issus des rivages nord de la Méditerranée, de la péninsule ibérique jusqu'à la Grèce. Andrew Lévesque explique que chacun d'eux est un « petit bijou ». Pour lui, un bon vin doit faire voyager, apporter du plaisir et des émotions et, surtout, être partagé en bonne compagnie : « Quand je déguste un vin, je sais à qui et dans quelle situation je le servirai. »

COMPOSITION DE LA CARTE DES VINS

50 % France, 25 % Italie, 10 % Espagne,
10 % Portugal, 5 % Grèce

Importations privées : 95 %
Offerts à la SAQ : 5 %

Sélection du sommelier

$

Balbas, Rueda Verdejo,
Castille-et-León, Espagne
Vin blanc
26,00 $ | Passion Gourmet

« Ce vin blanc fait à partir du cépage
local verdejo offre un beau nez de
fruits tropicaux et, en bouche, un
beau gras atypique. Les notes
boisées ne sont pas excessives.
C'est un vin qui se déguste aussi
tout seul en apéro. »

Ceviche de pétoncles au
pamplemousse.

$$$

Godelia Selección,
Bierzo, Espagne 2009
Vin rouge
53,00 $ | Passion Gourmet

« Le mencia est un cépage que
j'affectionne particulièrement, et
celui-ci est exceptionnel. On sent le
soleil qui nous chatouille à chaque
gorgée. C'est une bouteille des plus
sexys ! »

Tartare de canard saisi,
dattes et pistaches.

$$

Gramona, Imperial Gran
Reserva, Penedès, Catalogne,
Espagne 2006
Vin mousseux
32,75 $ | SAQ : 11800222

« J'adore les bulles ! Ce n'est plus un
secret. J'aime ce cava qu'on peut
déguster tout au long du repas car
il conserve sa fraîcheur festive, qui
accompagne bien les mets riches. »

Crab cakes.

Cuvée d'ici

Domaine Leduc-Piedimonte,
Cidre de glace, Réserve privée,
Rougemont, Québec 2005
(375 ml)
Vin de dessert et autres
70,00 $ | SAQ : 11506955

« À mon avis, cette cuvée québécoise
présente un équilibre sans égal.
Sa longueur et sa complexité
sont exceptionnelles. Réussir à
maintenir autant de fraîcheur après
36 mois d'élevage en barrique est
un exploit. Bravo ! »

Plateau de fromages.

Lino Lozza

Le vrai mâle italien, beau comme un cœur ! Chaleureux, vrai et accessible, il sait se renouveler pour attirer l'élite à son resto branché.

FORMATION

Lino Lozza s'est initié au monde vinicole en suivant plusieurs cours privés. Tous les deux ans, il effectue un voyage en Italie durant lequel il séjourne dans des vignobles afin de parfaire ses connaissances sur les vins.

PARCOURS PROFESSIONNEL

Lino est copropriétaire du Buonanotte à Montréal depuis plusieurs années. Il a également participé à l'ouverture du nouveau Buonanotte de Toronto.

AU-DELÀ DU RESTO

La carte des vins du Buonanotte a décroché deux distinctions prestigieuses : le «Best of Award of Excellence» du magazine *Wine Spectator* en 2012 et la Carte d'or du Collège des ambassadeurs du vin en 2009.

UNE DÉGUSTATION MÉMORABLE
Le Macchiole, Paleo, Bolgheri, Toscane, Italie

Lino Lozza confie qu'il est «tombé en amour» avec ce vin 100 % cabernet de la région de Bolgheri en Italie : «C'est un vin qui a du corps, parfaitement équilibré et pas trop agressif.» Et ce qu'il apprécie par-dessus tout, c'est la philosophie qui guide Luca D'Attoma dans l'élaboration de ses vins, philosophie qui vise avec modestie la recherche de la perfection en s'appuyant sur l'intuition, la création et l'expérimentation.

Buonanotte

buonanotte.com

3518, boul. Saint-Laurent, Montréal, Qc H2X 2V2

514 848-0644
reservations@buonanotte.com

Situé au cœur de l'action sur le boulevard Saint-Laurent, le Buonanotte propose des mets italiens classiques, traditionnels et rustiques. Il peut accueillir simultanément jusqu'à 200 convives et constitue une attraction majeure dans le créneau des *supper clubs*. L'ambiance y est à la fois chic et décontractée : c'est un des endroits par excellence pour vivre l'animation nocturne sur la *Main*.

ORIENTATION VIN

La carte du Buonanotte contient exclusivement des vins d'Italie. Elle est divisée par régions et célèbre surtout les vins de la Toscane et du Piémont. Un code des cépages permet aux clients de se familiariser avec les vins et les régions où ils sont cultivés. « J'ai conçu ma carte autour d'un seul pays, explique M. Lozza, car je voulais qu'elle soit la plus complète et la plus solide possible. » Un hommage à l'Italie vinicole.

COMPOSITION DE LA CARTE DES VINS

100 % Italie

Importations privées : 40 %

Offerts à la SAQ : 60 %

Sélection du sommelier

$

Falesco Vitiano, Ombrie,
Italie 2010

Vin rouge
16,45 $ | SAQ : 00466029

« Ce vin aux tannins mi-corsés
présente une bonne matière fruitée.
Au nez, on retrouve d'élégantes
notes de fruits noirs (cassis, mûres),
tout en richesse. En bouche, l'attaque
est franche et elle se termine sur
une finale souple et enrobée. Il
est produit par Riccardo Cotarella,
un vigneron des plus talentueux. »

Spaghetti Pomodoro Paolo Petrilli
Bio (spaghetti à la sauce tomate
biologique et basilic).

$$

Zenato, Valpolicella Ripassa,
Vénétie, Italie 2009

Vin rouge
26,05 $ | SAQ : 00974741

« Ce vin riche et très fruité présente
une longue finale veloutée. Dans
cette gamme de prix, c'est un beau
vin de qualité qu'il faut absolument
essayer. Vous serez charmé par les
notes fruitées rappelant la confiture
de cerises et les raisins de Corinthe.
Finale épicée qui se termine sur des
tannins tout en dentelle. »

Tagliata di Manzo (surlonge de
bœuf avec courge musquée).

$$$

Quintarelli, Giuseppe Bianco
Secco, Vénétie, Italie 2010

Vin blanc
33,25 $ | SAQ : 10663801

« Ce vin blanc sec est complexe,
avec des notes de miel et une légère
touche d'agrumes et de poire.
Minéral, racé et tout en finesse :
à l'image de ce grand producteur
qu'est Giuseppe Quintarelli »

Merluzzo Nero (morue noire).

Cuvée d'ici

Laughing Stock, Portfolio,
Vallée de l'Okanagan,
Colombie-Britannique 2009

Vin rouge
53,00 $ | SAQ : 11262911

« Ce beau vin capiteux est composé
de cabernet sauvignon, de merlot,
de malbec et de cabernet franc. Il
offre des saveurs denses de cassis
et de cerise séchée, avec une acidité
vive et des tannins modérés. »

Carré d'agneau rôti au four en croûte
de Dijon, herbes d'été et salade de
chou frisé.

Marco Mendes

La cave à vin du Latini regorge de trésors ! Marco aime déboucher les plus grands vins d'Italie, qu'il connaît aussi bien que sa fidèle clientèle.

FORMATION

Marco Mendes a acquis ses connaissances sur le vin en côtoyant pendant de nombreuses années les serveurs sommeliers hautement qualifiés de son restaurant.

PARCOURS PROFESSIONNEL

Il n'a travaillé qu'à un seul endroit, au Latini, créé par son père en 1979. Dès l'âge de 2 ans, il est ainsi entré dans le monde de la restauration, qu'il n'a jamais quitté depuis !

AU-DELÀ DU RESTO

Il a participé à de nombreux salons de vins à Montréal et en Italie. Une seule condition pour sa présence : qu'on y présente des vins italiens, car la carte du Latini est 100 % italienne.

UNE DÉGUSTATION MÉMORABLE
Herdade do Esporão, Esporão, Portugal

C'est ce vin, explique Marco Mendes, « qui a placé la barre pour le style de vins que j'apprécie. » Il doit cette découverte à son oncle vivant dans la région d'Ottawa, qui le lui a offert en cadeau. On ne le trouvait pas autrefois à la SAQ, mais il y est heureusement offert aujourd'hui. Jusqu'à ce jour, confie-t-il, les qualités de ce vin le laissent sans mot.

Le Latini

lelatini.ca

1130, rue Jeanne-Mance, Montréal, Qc H2Z 1L7

514 861-3166

lelatini@lelatini.ca

Situé entre le quartier des arts et celui des affaires, Le Latini offre depuis 1979 des choix variés de poissons, de fruits de mer, de viandes et de gibiers. On peut également y déguster des pâtes fraîches et artisanales, farcies ou à l'encre de seiche, ou encore un risotto mijoté lentement. Au gré des saisons s'ajoutent des produits recherchés, telles la truffe blanche d'Alba et la sole de Douvres. Le restaurant possède des terrasses paisibles entourées de verdure, ainsi que trois salles privées, dont la cave à vin où il est possible de passer une soirée œnogastronomique.

ORIENTATION VIN

La carte des vins, insiste Marco Mendes, est l'œuvre collective de toute l'équipe du Latini, qui compte en effet des serveurs aguerris ayant tous plus d'une vingtaine d'années d'expérience en sommellerie. La carte 100 % italienne est le fruit de nombreuses années de trouvailles personnelles, de dégustations en Italie et de rencontres avec des importateurs passionnés.

COMPOSITION DE LA CARTE DES VINS

100 % Italie

Importations privées : 70 %

Offerts à la SAQ : 30 %

Sélection du sommelier

$

Maculan, Brentino, Vénétie,
Italie 2010

Vin rouge
18,10 $ I SAQ : 10705021

«Ce vin possède une couleur rubis
assez intense. Au nez, un parfum
boisé, avec des notes d'épices légères
et de mûre. En bouche, il est ample
et dévoile des tannins tout en
souplesse.»

Osso buco, gremolata et risotto
au safran.

$$$

Erbaluna, Barolo, Piémont,
Italie 1999

Vin rouge
45,00 $ I Bacchus 1976

«Ce vin rouge grenat aux reflets
orangés présente des arômes de
fruits séchés qui rappellent la figue
et le bois vieilli, avec de subtiles
notes florales. Il a une structure
épatante, ample et raffinée.
Il mérite d'être conservé en cave
quelques années à cause de ses
tannins un peu serrés en jeunesse.»

Carré d'agneau en croûte
aux fines herbes.

$$

Jermann, Red Angel on the
Moonlight, Frioul Vénétie
Julienne, Italie 2010

Vin rouge
28,80 $ I SAQ : 11035786

«La robe de ce pinot noir additionné
d'un peu de merlot est d'une teinte
grenadine. Son nez délicat évoque
un parfum d'automne, d'épices et
de fruits des champs. En bouche, il
possède une belle acidité avec des
tannins très souples.»

Tagliatelles, sauce au ragoût de
canard braisé.

Cuvée d'ici

Osoyoos Larose, Le Grand Vin,
Vallée de l'Okanagan,
Colombie-Britannique 2008

Vin rouge
44,50 $ I SAQ : 10293169

«Également de couleur grenat,
ce vin montre, au nez, des notes
de fruits noirs bien mûrs, comme le
cassis et la prune, avec des effluves
séduisants de moka et de grains de
cafés torréfiés. C'est un GRAND vin
canadien.»

Filet mignon sur le gril avec
médaillon de foie gras.

Axel Mevel

Aux côtés d'un chef aussi connu que Mathieu Cloutier (de l'émission Ça va chauffer!), il fallait un gars accessible et amusant. Grâce à ses choix décontractés, il sait égayer les soirées de ses clients.

FORMATION

Axel Mevel possède une formation professionnelle en cuisine d'établissement à l'ITHQ et il a acquis ses connaissances en sommellerie «à l'école de la vie», en faisant beaucoup de lectures, de dégustations et de voyages liés au vin.

PARCOURS PROFESSIONNEL

Avant de devenir sommelier et copropriétaire du Kitchen Galerie, il a travaillé dans plusieurs bars et restaurants, dont Le Vent Vert, Le Grand Comptoir, Laloux et Holder.

AU-DELÀ DU RESTO

Axel Mevel a participé, depuis l'adolescence et durant une dizaine d'années ensuite, à une trentaine de vendanges, que ce soit en Alsace, en Loire, en Champagne, dans la vallée du Rhône, en Allemagne ou en Autriche. Il a visité des vignobles dans toute l'Europe et en Amérique du Sud. De ses nombreux voyages vinicoles, il garde un souvenir ému de son séjour en Toscane et de l'accueil chaleureux des gens du pays. Il a eu alors la chance de visiter pas moins de 39 vignobles et 15 Relais & Châteaux.

UNE DÉGUSTATION MÉMORABLE
Château Pradeaux, La Cadière d'Azur, Bandol, France

Axel Mevel a dégusté ce vin lors de sa première expérience des vendanges à l'âge de 15 ans. Et c'est grâce à ce vin tannique, costaud et compoté qu'il a commencé à découvrir le monde de la sommellerie. «Ce vin n'était pas un grand cru, constate-t-il, mais c'est celui-là qui m'a donné la piqûre!»

Kitchen Galerie

kitchengalerie.com

60, rue Jean-Talon Est, Montréal, Qc H2R 1S5

514 315-8994
kitchengalerie@hotmail.com

Situé aux abords du marché Jean-Talon, le Kitchen Galerie propose, comme il se doit, une réelle cuisine du marché. Le menu change tous les jours, et la carte des vins, toutes les semaines. C'est «notre gros terrain de jeu», affirment les trois chefs propriétaires Mathieu Cloutier, Axel Mevel et Mathieu Bourdages. Le petit resto de 25 à 30 places offre une ambiance festive et conviviale avec sa cuisine ouverte.

ORIENTATION VIN

La carte privilégie les vins à petits rendements de petits producteurs. Axel Mevel choisit ses vins parmi 25 agences d'importation en effectuant des dégustations chaque semaine. «Cela me permet de changer rapidement la carte, explique-t-il, et de découvrir plusieurs producteurs qu'on ne trouve pas à la SAQ.»

COMPOSITION DE LA CARTE DES VINS

40 % France, 20 % Italie, 10 % États-Unis, 10 % Australie, 5 % Espagne, 5 % Portugal, 10 % autres pays

Importations privées : 95 %
Offerts à la SAQ : 5 %

Sélection du sommelier

$

Zonin, Prosecco Special Cuvée Brut, Italie

Vin mousseux

15,15 $ | SAQ : 10540721

« Parfait pour l'apéro, ce vin frais peut être marié avec des huîtres et des fruits de mer. Aux environs de 15 $ la bouteille, c'est un mousseux de qualité à un prix très intéressant. On peut donc en déguster plus d'une sur le bord de la piscine ! »

Pétoncles Princesse servis de trois façons (avec gelée de champagne et caviar mujol ; vinaigrette à l'orange ; yuzu et fleur de sel).

$$

Domaine Cazes, Muscat de Rivesaltes, Languedoc-Roussillon, France 2008

Vin de dessert et autres

24,80 $ | SAQ : 00961805

« Issu du Languedoc-Roussillon, ce Muscat de Rivesaltes est très aromatique et présente une superbe couleur paille classique. Servi avec du foie gras, il fait un accord parfait grâce au beau contraste entre le sucré et le salé. »

Pot de foie gras cuit au lave-vaisselle avec gelée de muscat au poivre long.

$$$

Domaine Marcel Lapierre, Morgon, Beaujolais, France 2008

Vin rouge

30,00 $ | Rézin

« Voilà un très bon morgon que j'ai dégusté durant la dernière année. Ce vin est d'une finesse rare, avec une très bonne structure et une belle longueur en bouche. Je l'ai acheté en format magnum, pour la simple raison qu'une seule bouteille, ce n'est pas assez pour un vin de cette qualité. Il se boit tout seul ! »

Ris de veau poêlé, écrasé de topinambours, têtes-de-violon, sauce porto.

Cuvée d'ici

Osoyoos Larose, Le Grand Vin, Vallée de l'Okanagan, Colombie-Britannique, 2008

Vin rouge

44,50 $ | SAQ : 10293169

« Conçu selon la méthode bordelaise classique, ce vin est constitué d'un assemblage de merlot, de cabernet sauvignon, de cabernet franc et de petit verdot. Pour un vin canadien, il est étonnamment costaud, charnu et tannique. Il vaut mieux le passer en carafe une heure avant de le consommer. »

Côte de bœuf pour deux avec légumes-racines, purée de pommes de terre, jus de veau à l'estragon.

Jessica Midlash

Quelle belle fille qui a du punch ! Elle représente bien les couleurs du Garde-Manger avec sa carte actuelle qui en surprendra plus d'un. On en redemande !

FORMATION

Jessica Midlash a obtenu les niveaux WSET 2 et 3 avancé en sommellerie. Elle a aussi effectué de nombreuses lectures sur le vin et a eu la chance d'en déguster beaucoup.

PARCOURS PROFESSIONNEL

Elle travaille depuis plus de six ans au Garde Manger, où son patron lui a permis de découvrir, dit-elle, « plein de vins incroyables ».

AU-DELÀ DU RESTO

Elle a eu récemment l'occasion d'effectuer un voyage vinicole en Argentine, où elle a pu visiter le vignoble Catena dans la région de Mendoza. C'est là qu'elle connaîtra un moment de dégustation mémorable qui la fera tomber amoureuse de ce splendide pays.

UNE DÉGUSTATION MÉMORABLE

Catena Zapata, White Stones Chardonnay, Mendoza, Argentine

La sommelière raconte qu'elle venait de découvrir le vignoble Catena, situé dans les hautes montagnes, puis s'est rendue dans un restaurant pour faire la dégustation de son vin conçu à partir du chardonnay. Jusqu'alors, confie-t-elle, elle n'avait jamais goûté de vin blanc argentin qui lui avait plu. Mais cette impression allait changer avec la dégustation de la cuvée White Stones : « Ce vin, avec sa fraîcheur et ses accents de minéralité, m'a étonnée. J'aurais pu croire, à l'aveugle, que c'était un Puligny-Montrachet ! »

Garde Manger

crownsalts.com/gardemanger

408, rue Saint-François-Xavier, Montréal, Qc H2Y 2S9

514 678-5044

Situé dans le Vieux-Montréal, le Garde Manger est un restaurant branché et vivant qui se spécialise dans les fruits de mer et les viandes du Québec. Le menu propose des combinaisons éclectiques et des saveurs éclatantes. Ouvert jusqu'à tard dans la nuit, c'est un endroit où l'on peut passer des soirées vibrantes, en compagnie d'une équipe de cuisiniers et de serveurs jeunes et dynamiques.

ORIENTATION VIN

L'un des grands défis dans l'élaboration d'une carte des vins au Québec, explique Jessica Midlash, est de mettre la main sur des vins prêts à boire, car la majorité des grands vins nécessitent un temps de vieillissement en cave. Deux stratégies peuvent être utilisées : rechercher des millésimes relativement prêts à boire ou alors des vins âgés ayant atteint leur maturité. « Assez souvent, on peut trouver de beaux produits à la SAQ Signature ou encore faire de beaux achats d'un cellier privé. C'est là qu'on déniche les vins les plus rares et les plus prestigieux. »

COMPOSITION DE LA CARTE DES VINS

50 % France, 25 % Italie, 10 % autres pays d'Europe, 15 % États-Unis et Canada

Importations privées : 70 %
Offerts à la SAQ : 30 %

Sélection du sommelier

$

Château Les Ricards, Côtes de Blaye, Bordeaux, France 2009

Vin rouge
18,75 $ | SAQ : 10389267

« Ce vin rouge issu d'une appellation bordelaise abordable est principalement composé de merlot. L'excellent millésime 2009 se boit très bien. C'est un vin avec une belle rondeur, un bois bien intégré. Le nez évoque des notes de fruits rouges bien mûrs qu'on retrouve en bouche. »

Bavette ou bouts de côtes de bœuf.

$$

Domaine Sigalas, Santorini, Grèce 2011

Vin blanc
22,60 $ | SAQ : 11034302

« J'aime beaucoup le bouquet fruité de ce vin. Il offre une belle texture, de la fraîcheur et de la minéralité. Beaucoup de gens n'ont jamais goûté aux vins de la Grèce, alors qu'ils sont excellents et très intéressants. Pour ceux qui souhaitent les découvrir, je suggère celui-ci sans hésiter. »

En apéro ou avec des huîtres.

$$$

Joseph Roty, Marsannay Les Ouzeloy, Bourgogne, France 2009

Vin rouge
46,00 $ | Le Maître de Chai

« Ce pinot noir est bien structuré. En nez et en bouche, on retrouve des arômes de fruits noirs et de réglisse. La richesse de ce vin est équilibrée par sa très belle fraîcheur. Le millésime 2009 est plus fruité et le rend donc plus accessible. »

Pierogi avec flanc de porc.

Cuvée d'ici

Norman Hardie Estate, Pinot Noir, Comté du Prince Édouard, Ontario 2009

Vin rouge
38,75 $ | SAQ : 11638499

« Je suis fière de présenter à mes clients ce pinot noir du Niagara, un vin polyvalent avec beaucoup de caractère. Il s'ouvre sur des notes terreuses, de cerise et de poivre noir, avec une touche d'acidité en finale qui lui apporte de la fraîcheur. En bouche, la matière tannique est très bien équilibrée. »

Salade de bœuf saisi ; bruschetta de pieuvre.

Jean Moffet

Une référence à Québec! Avec finesse et élégance, il supervise les cartes du Panache ainsi que de l'Auberge Saint-Antoine. Un maître de la tradition.

FORMATION

Jean Moffet possède une attestation de spécialisation professionnelle de l'École hôtelière de Fierbourg.

PARCOURS PROFESSIONNEL

Il a travaillé pour À La Table de Serge Bruyère, les Hôtels Jaro, puis le restaurant Panache.

AU-DELÀ DU RESTO

M. Moffet a eu l'honneur de participer à Québec Millésima 2013 en tant que sommelier responsable. Cet événement prestigieux comprenait un encan de bouteilles rares suivi d'un souper gastronomique au profit des fondations de l'Université Laval et du Musée national des beaux-arts de Québec. « J'en avais les larmes aux yeux. Toutes ces grandes bouteilles, l'une après l'autre, dans une même soirée, c'était du jamais vu. » Dom Pérignon, Yquem, Cheval Blanc, Bâtard-Montrachet, Opus One, Grands Échézeaux de la Romanée-Conti... et tous d'anciens millésimes. « C'était certainement le plus beau moment de ma carrière après 37 ans dans la restauration. »

UNE DÉGUSTATION MÉMORABLE
Château d'Yquem, Sauternes, Bordeaux, France 1993

Un autre souvenir mémorable est celui de sa rencontre avec Sandrine Garbay, maître de chai du Château d'Yquem, au restaurant Panache en 2009. Il a pu déguster alors le fameux sauternes en sa compagnie. En bouche, le vin montrait une onctuosité, une puissance remarquable, un mélange de saveurs très complexe, entre le coing et l'abricot, des notes de pain grillé, et une finale soutenue évoquant le miel vanillé. « Même pour un millésime considéré moyen, c'était un grand moment, une expérience unique. »

Panache

saint-antoine.com/fr/restauration

10, rue Saint-Antoine, Québec, Qc G1K 4C9

418 692-1022
caviste@saint-antoine.com

Située entre les murs de pierre d'un ancien entrepôt maritime, la salle à manger quatre diamants du restaurant Panache jouit d'une quiétude exceptionnelle et d'une vue privilégiée sur le majestueux Saint-Laurent. Le chef Julien Dumas et sa brigade proposent une cuisine innovatrice préparée avec les produits frais du terroir selon les saisons et les arrivages, que ce soit du jardin biologique que possède le restaurant sur l'île d'Orléans ou de petits producteurs locaux.

ORIENTATION VIN

La carte du Panache est en constante évolution. Après avoir embrassé la vogue des vins du Nouveau Monde, elle a effectué un retour aux sources en mettant à l'honneur les grands vignobles européens de France, d'Italie et d'Espagne, mais sans négliger pour autant l'Argentine, l'Oregon, la Nouvelle-Zélande, ni les vins de chez nous. La carte privilégie les vignerons d'exception, qui cherchent à rendre l'expression la plus pure de leur terroir, que ce soit au moyen de l'agriculture biologique ou biodynamique.

COMPOSITION DE LA CARTE DES VINS

50 % France, 15 % Italie,
35 % Nouveau Monde

Importations privées : 85 %
Offerts à la SAQ : 15 %

Sélection du sommelier

$

Torres, Viña Esmeralda,
Catalogne, Espagne 2011
Vin blanc
15,25 $ I SAQ : 10357329

« L'Espagne est un pays vinicole
beaucoup trop souvent oublié.
Quelle belle découverte ! Ce vin
offre des saveurs de fruits exotiques,
de melon, d'ananas... Hyper bon
pour le prix. »

Sushis.

$$

Del Fin Del Mundo, Malbec
Reserva, Patagonie,
Argentine 2010
Vin rouge
18,35 $ I SAQ : 11156810

« C'est une tonne de fruits mûrs
qui prend d'assaut les papilles
avec une texture d'un velouté
remarquable. Produit par un
jeune vignoble situé au sud-ouest
de Buenos Aires, ce Malbec Reserva
en surprendra plus d'un. »

Macreuse de bœuf grillée sur
charbon de bois, poêlée de shiitakes,
feuilles de choux de Bruxelles et jus
de viande aux mûres fraîches.

$$$

Allegrini, Amarone della
Valpolicella Classico, Italie
2008
Vin rouge
80,25 $ I SAQ : 00907196

« Vérone, ce n'est pas seulement
Roméo et Juliette. On y produit
aussi des vins fabuleux, dont le
célèbre Amarone. Cette cuvée,
gorgée de fruits séchés rappelant
le pruneau, les raisins de Corinthe
et les figues, est un incontournable.
Un vin réglissé et confit à souhait
sur des notes de moka enrobantes. »

Escalope de veau parmigiana.

Cuvée d'ici

Domaine Côtes d'Ardoise,
Haute Combe, Dunham,
Québec 2010
Vin rouge
16,00 $ I Domaine Côtes
d'Ardoise

« Ce beau vin rouge québécois est
tout en fruits et en douceur. Conçu
à base de gamay noir, de Maréchal
Foch, de lucy-kuhlmann et de
chaunac, il présente un nez de
poivre doux et, en bouche, des
arômes de banane, de confiture
de fraises et de framboise. »

Tataki de saumon avec
têtes-de-violon marinées.

Pascal Morin

Comme un bon vin français, c'est un chic type qui évolue bien. Il maîtrise parfaitement sa carte, l'une des meilleures de la Grande Allée.

FORMATION

Pascal Morin possède un diplôme en sommellerie de l'École hôtelière de la Capitale.

PARCOURS PROFESSIONNEL

Il a travaillé au Fairmont Le Château Frontenac durant ses études de sommellerie, puis au restaurant Le Louis Hébert, où il occupe depuis 2001 le poste de sommelier.

AU-DELÀ DU RESTO

Durant ses études, il a participé à un concours sur les vins de la vallée du Rhône organisé par l'agence Sopexa. Il a terminé premier au concours régional tenu à l'École hôtelière de la Capitale et quatrième au niveau national, à l'ITHQ de Montréal.

UNE DÉGUSTATION MÉMORABLE

Perrin et fils, Château de Beaucastel, Châteauneuf-du-Pape, Vallée du Rhône, France

Pascal Morin se souvient «comme si c'était hier» du jour où il est tombé amoureux des vins de la vallée du Rhône. Dès l'instant où il a vu la jolie robe rouge grenat, il a été séduit. Le parfum qui s'en dégageait, des arômes de cuir, des notes minérales et de fruits rouges confits, était si complexe qu'il ne pouvait s'empêcher de porter son verre à ses narines. Puis, il a tendu ses lèvres, et son palais a succombé en découvrant les saveurs de réglisse, de poivre noir et d'épices douces. La finale s'est étirée longuement, le temps de savourer ce plaisir qu'on ne peut, hélas, goûter au quotidien.

Le Louis Hébert

louishebert.com

668, Grande Allée Est, Québec, Qc G1R 2K5

418 525-7812
restaurant@louishebert.com

Situé sur la Grande Allée dans une maison datant du 17ᵉ siècle, le Louis Hébert compte une solide clientèle d'habitués. La réputation du restaurant repose sur l'imagination de son chef Hervé Toussaint, qui propose une cuisine gastronomique inspirée du marché. Outre le foie gras, spécialité de la maison, le menu offre des choix de trois entrées qui permettent aux gourmets de découvrir des saveurs variées. Le Louis Hébert possède, à l'étage, sept salons privés pouvant accueillir des petits groupes dans une ambiance intime. Sa verrière peut quant à elle recevoir de 80 à 100 convives.

ORIENTATION VIN

La carte des vins du Louis Hébert est en constante évolution. Au fil des ans, les vins en importation privée y ont été intégrés, de même que des achats de plus en plus importants par l'entremise du *Courrier vinicole* de la SAQ. Les acquisitions se font toujours selon les bons millésimes, la composition des menus et les goûts de la clientèle. À l'affût des nouveautés, Pascal Morin participe régulièrement à des salons de vins.

COMPOSITION DE LA CARTE DES VINS

50 % France, 20 % Italie,
10 % États-Unis, 20 % autres pays

Importations privées : 20 %
Offerts à la SAQ : 80 %

Sélection du sommelier

$

Domaine Tariquet, Les Premières
Grives, Vdp Sud-Ouest,
France 2012

Vin blanc
18,35 $ I SAQ : 00561274

« Ce vin à la teinte jaune paille
présente des arômes d'agrumes
confits, d'abricot et de mangue.
Il est bien équilibré et montre une
belle fraîcheur, une belle longueur
en bouche ; on peut presque
croquer le raisin. Un vin d'apéro qui
peut se prendre aussi au dessert. »

Brie praliné au sirop d'érable,
dattes, pacanes rôties et Grand
Marnier.

$$$

Paul Goerg, Blanc de Blancs,
Champagne, France

Vin mousseux
47,75 $ I SAQ : 11766597

« Doté d'une robe jaune pâle, ce
champagne dégage de belles bulles
fines et persistantes. Il possède un
nez floral, qui évoque la pêche et
la poire bien mûres. Sa belle
fraîcheur en bouche se mêle à
des notes subtiles d'agrumes. »

Tarte aux fruits frais de saison.

$$

Château du Puy, Bordeaux
Côtes de Francs, France 2007

Vin rouge
26,75 $ I SAQ : 00709469

« Du merlot assemblé avec du
cabernet sauvignon, comme
nos grand-parents en buvaient
autrefois. Ce vin réalisé en
biodynamie nous transporte à
une autre époque ! Il présente un
nez floral, avec un boisé bien dosé,
des tannins souples et une bonne
longueur en bouche. »

Rôti de palette, bavette de bœuf
grillée ou brochette de filet mignon
sur le barbecue.

Cuvée d'ici

Vignoble Rivière du Chêne,
Cuvée William, Saint-Eustache,
Québec 2011

Vin rouge
15,25 $ I SAQ : 00743989

« Fait à base de baco noir et de
Maréchal Foch, cette cuvée se
dévoile sous une robe violacée
d'une bonne intensité. Au nez,
ce vin est boisé, fruité et végétal.
C'est un vin bien équilibré, rond
en bouche et légèrement épicé.
Il se conclut sur une belle finale
légèrement soutenue et très
agréable. »

Cuisse de canard confite, sauce
canneberges et poivre vert.

Philip Morisset

Un «cerveau du vin» excessif! Les limites, il n'y croit pas. Amateur de vins bio, ce sommelier importateur vous offre toujours des vins uniques!

FORMATION

Philip Morisset détient des certificats en psychologie et en philosophie de l'Université Laval. Il possède une attestation de spécialisation professionnelle en sommellerie du CIAT (aujourd'hui l'École hôtelière de la Capitale).

PARCOURS PROFESSIONNEL

Avant de se joindre à l'équipe du bar à vin et restaurant Accords, Philip Morisset a travaillé dans plusieurs établissements renommés du Québec: La Pinsonnière, l'Auberge Ripplecove, l'Auberge Hatley et Le Club Chasse et Pêche.

AU-DELÀ DU RESTO

Auparavant consultant au développement et aux événements pour l'agence d'importation A.O.C. & Cie Châteaux et Domaines, il a fondé depuis sa propre agence d'importation privée: Vin Libre.

UNE DÉGUSTATION MÉMORABLE
Quelques grands bourgognes...

Pour Philip Morisset, la dégustation est une expérience sensorielle et profondément émotive. C'est dire qu'elle est largement influencée par le contexte dans lequel elle se déroule et non par les seules propriétés d'un vin, même gratifié de notes hyperboliques. Aussi garde-t-il surtout en mémoire certaines rencontres qui l'ont marqué durablement: «Je pourrais bien sûr évoquer certaines grandes bouteilles que j'ai eu l'occasion de fréquenter, mais ce sont des rencontres comme celles avec Jean-Michel Deiss et Jean-Pierre Amoreau (parmi d'autres) qui ont le plus fait évoluer mon rapport au vin et à ma profession.»

Accords

accords.ca

212, rue Notre-Dame Ouest, Montréal, Qc H2Y 1T3

514 282-2020
rsvp@accords.ca

Situé dans le Vieux-Montréal, le restaurant Accords peut recevoir 80 convives dans un décor chaleureux et une ambiance décontractée. On y sert une cuisine du marché inventive, inspirée par le vin. Avec une sélection d'une cinquantaine de vins au verre, en plus des 450 références de la carte, le restaurant peut se targuer d'offrir plusieurs accords mets-vins, classiques ou étonnants, pour chacun des items au menu. Le restaurant comprend aussi une belle terrasse dont les clients peuvent profiter durant la saison chaude.

ORIENTATION VIN

La carte de Philip Morisset défend avec conviction les vins biologiques, biodynamiques et nature. Le sommelier est constamment à la recherche de cuvées originales, sortant de l'ordinaire : cépages indigènes, petites appellations méconnues, techniques oubliées... Les vins retenus doivent être digestes et contribuer à l'élaboration d'une carte flexible, où la palette des arômes et des textures sera la plus large possible, afin de pouvoir explorer de façon ludique le monde fascinant des accords mets-vins.

COMPOSITION DE LA CARTE DES VINS

65 % France, 15 % Italie,
10 % autres pays d'Europe, 10 % Nouveau Monde

Importations privées : 98 %
SAQ : 2 %

Sélection du sommelier

$

Jean-Michel Gerin,
La Champine, Vin de pays
des Collines rhodaniennes,
France 2011
Vin rouge
20,15 $ | SAQ : 11871240

« Une expression de syrah sans fard,
alliant toute la race aromatique
du cépage (poivre, viande fumée,
framboise bien mûre) et une bouche
fluide, toute en fraîcheur et qui fait
saliver. »

Truite fumée légèrement saisie,
rémoulade de shiitakes aux lardons.

$$

Domaine Léonine, Carbone 14,
Vin de pays des Côtes catalanes,
France 2011
Vin rouge
29,11 $ | Vin Libre

« Cette cuvée est élaborée avec
trois types de grenaches (noir, gris
et blanc) en macération carbonique.
Il est étonnant d'y voir se côtoyer
les notes florales et d'agrumes des
cépages blancs avec les épices et
les notes de cerise bien mûre du
cépage rouge, le tout avec une
telle fraîcheur. »

Maquereau saisi, concombres,
cornichons, aneth, chips de pommes
de terre rattes et moules fumées.

$$$

Bressan, Verduzzo,
Venezia Giulia, Italie 2007
Vin blanc
38,50 $ | Symbiose Vins et Cie

« Ce vin possède une forte
personnalité. La patine issue d'un
long élevage se mêle à l'expression
des fruits blancs très mûrs (abricot
et poire). Les notes d'épices
et de fleurs séchées laissent
transparaître la vitalité des sols
calcaires ferrugineux. Un vin de
race et de grand raffinement. »

Tartare de canard, canard fumé,
foie gras au naturel et figues ;
boudin noir maison, pommes
fumées, langue de porc confite,
moutarde et oignons caramélisés.

Cuvée d'ici

Domaine Les Pervenches,
Solinou Seyval-Chardonnay,
Farnham, Québec 2010
Vin blanc
15,00 $ | La QV

« Le Solinou des Pervenches est un
vin de soif éclatant et vibrant. Ses
créateurs, Michael et Véronique,
font la preuve qu'il est possible de
faire chez nous des vins bio et que
cela est tout à fait souhaitable.
Qui a dit que nos vins étaient
rustiques ? À boire à grande
lampées ! »

Cochonnailles, tartare, tataki
et maquereau.

Jessica Ouellet

Elle brille autant que sa carte parfaitement adaptée aux mets éclatés de Danny St-Pierre. Assidue et vraie, elle fait partie de la relève à surveiller.

FORMATION

Jessica Ouellet possède une formation en techniques de gestion hôtelière du Séminaire de Sherbrooke et en sommellerie professionnelle de l'ITHQ.

PARCOURS PROFESSIONNEL

Elle a travaillé au Savoroso à Sherbrooke, à la Brasserie Lac Brompton, puis au restaurant Auguste où elle a gravi les échelons jusqu'au poste de sommelière.

AU-DELÀ DU RESTO

Jessica Ouellet a obtenu la bourse Espoir de la sommellerie SAQ 2012, grâce à laquelle elle a pu faire un stage au vignoble de Staete Landt en Nouvelle-Zélande. Elle a aussi effectué plusieurs voyages vinicoles en France, en Italie et en Allemagne, dans les domaines Kuentz, Schweikart et Lapierre, au Clos Centeilles, chez les Buronfosse dans le Jura et au Château Eugénie.

UNE DÉGUSTATION MÉMORABLE
Un Saint-Émilion trop jeune pour en revendiquer l'appellation...

Lors d'une visite à Saint-Émilion avec un gentil couple de Bordeaux dont le fils possède le domaine du Château du Rooy, elle s'est arrêtée avec eux dans une cantine typiquement française. Des carafes pleines reposaient sur les tables communes. Contre toute attente, car elle ne voulait rien savoir d'en avaler une goutte, ce modeste rouge s'est avéré l'un des meilleurs qu'elle ait jamais goûtés. «Sans blague, assure-t-elle. Dans un *truck stop* français!»

Auguste

auguste-restaurant.com

82, rue Wellington Nord, Sherbrooke, Qc J1H 5B8

819 565-9559
info@auguste-restaurant.com
jouellet@auguste-restaurant.com

Situé au cœur du centre-ville de Sherbrooke, le restaurant Auguste est un bistro moderne où le chef Danny St-Pierre allie la sophistication à la tradition en rendant hommage aux bonnes tables familiales d'antan. Une attention particulière est portée aux produits locaux. Les gens d'affaires s'y rencontrent à l'heure du lunch et, en soirée, amoureux, familles et amis s'y retrouvent à table. Le menu couche-tard attire une clientèle plus festive à compter de 21 h. Après cinq ans d'existence, Auguste s'est imposé comme un incontournable des Cantons de l'Est.

ORIENTATION VIN

La carte des vins cherche à refléter le mélange de sophistication et de tradition qui caractérise l'approche du chef. La cuisine d'inspiration française oriente souvent les sélections de la sommelière vers les crus de chardonnay et de pinot noir. « Les achats se font parfois sur un coup de tête, confie-t-elle, mais toujours sur un coup de cœur. » La carte privilégie les importations privées qui permettent à la clientèle de faire des découvertes et d'avoir accès aux vins de petits producteurs.

COMPOSITION DE LA CARTE DES VINS

50 % France, 10 % Italie, 10 % Canada,
30 % autres pays d'Europe et du Nouveau Monde

Importations privées : 95 %
Offerts à la SAQ : 5 %

Sélection du sommelier

$

Domaine du Ridge, Champs de Florence, Cantons de l'Est, Québec, Canada 2011

Vin rosé
15,95 $ | SAQ : 00741702

« Voici un rosé sec, aux arômes de framboise et de cire d'abeille. Frais et léger, il est synonyme de terrasse en période estivale. Un des rosés les plus populaires de sa catégorie ! »

Poisson frit à l'anglaise, salade de concombres et de radis, crevettes.

$$$

Pearl Morissette, Cabernet Franc, Cuvée Madeline, VQA Twenty Mile Bench, Ontario, Canada 2010

Vin rouge
38,00 $ | Vinealis

« Je ne suis pas une fan de l'arôme dit "végétal" qui caractérise souvent le cabernet franc. Mon poivron, je l'aime dans l'assiette et non dans le verre ! Mais le domaine Morissette nous propose ici un cabernet bien mûr, dense, au nez de violette et de girofle. »

Pièce de bœuf grillée, frites et dijonnaise.

$$

Domaine Mas Conscience, Le Cas, Vin de pays de l'Hérault, Pays d'Oc, France 2010

Vin rouge
22,30 $ | SAQ : 10506902

« J'adore le cépage carignan. Il compose maintenant certaines cuvées à 100 %. Les arômes de cerise, de prune et de jus de canneberge s'y côtoient. Les tannins sont un peu rustiques, mais sans être dérangeants. C'est un vin à déguster entre copains. Il a fait fureur quand nous l'avons mis sur la carte. »

Pennes aux saucisses et poivronnade.

Cuvée d'ici

Thomas Bachelder, Niagara Peninsula Chardonnay, Ontario 2010

Vin blanc
29,95 $ | SAQ : 11873721

« Bachelder est un *freak* du chardonnay. Parmi sa trilogie, ce vin est mon préféré. Il est à la fois minéral et gras en bouche, l'équilibre est génial. Des arômes de pomme et de poire bien mûres accompagnent le tout. C'est un très bon blanc canadien. »

Filet de truite des Bobines, poireaux au cidre, purée de pommes.

Line Ouellette

Une jeune figure du top 50 ! Elle se démarque grâce à sa connaissance du Portugal. Comment faire autrement quand on travaille avec l'équipe de Carlos Ferreira !

FORMATION

Line Ouellette possède un diplôme en service de la restauration et une attestation de spécialisation professionnelle en sommellerie. Elle poursuit actuellement des études en gestion de restauration hôtelière à l'UQÀM.

PARCOURS PROFESSIONNEL

Avant le F Bar, elle a travaillé durant cinq ans au restaurant montréalais Le Maistre et, en France, dans la région de la Haute-Savoie, dans un magnifique hôtel sur les rives du lac d'Annecy.

AU-DELÀ DU RESTO

Ses études de sommellerie terminées, elle s'inscrit à un concours de dégustation auquel on l'a invitée à participer et remporte la troisième place. Grâce à cette performance, elle a enregistré depuis quelques émissions sur les vins et la restauration. Depuis plusieurs années, elle participe aussi à l'événement *Montréal Passion Vin*.

UNE DÉGUSTATION MÉMORABLE
Château d'Yquem, Sauternes, Bordeaux, France 1996

L'histoire dit que le Château d'Yquem doit être bu à genoux. «C'est la pure vérité, affirme Line Ouellette. Un vin d'une aussi grande finesse et avec des arômes aussi complexes mérite absolument ce décorum. C'est en appréciant tous les efforts réalisés sur le plan de la viticulture et de la vinification qu'on peut réellement goûter un Château d'Yquem.» C'est en compagnie d'une trentaine de collègues sommeliers qu'elle a pu partager ce plaisir de dégustation, et plus d'un, assure-t-elle, en fut comblé.

F Bar

fbar.ca

1485, rue Jeanne-Mance, Montréal, Qc H2X 2J4

514 289-4558
info@fbar.ca

Situé en plein cœur du Quartier des spectacles, le F Bar est le « petit dernier » du renommé Café Ferreira. Avec sa structure toute vitrée, ce nouvel établissement ouvert en 2010 offre une ambiance lumineuse et une vue attrayante sur l'extérieur qui fait oublier les imminents retours au bureau. La cuisine aux parfums du Portugal met à l'honneur les produits de la mer et des huiles d'olive de première qualité. Elle s'accorde à tous les types d'occasions, du rendez-vous d'affaires aux rencontres conviviales entre amis.

ORIENTATION VIN

« Une carte bien bâtie saura plaire à tous les types d'amateurs », fait valoir Line Ouellette. Les vins de la carte 100 % portugaise proviennent des différentes régions du pays afin de s'accorder avec les saveurs variées de la cuisine du chef Gilles Herzog.

COMPOSITION DE LA CARTE DES VINS

100 % Portugal

Importations privées : 95 %
Offerts à la SAQ : 5 %

Sélection du sommelier

$

Niepoort, Diálogo Snow,
Douro, Portugal
Vin blanc
16,00 $ | Alivin

«Ce vin d'importation privée offre
un excellent rapport qualité/prix.
Il présente un nez aux parfums
d'agrumes et de fleurs blanches. Il
est vif en bouche et met en appétit.
Très rafraîchissant à l'apéritif sur
une terrasse ensoleillée.»

Entrée de salade «Algarvia»
au maquereau.

$$

Julia Kemper, Dão blanc,
Portugal
Vin blanc
21,00 $ | Alivin

«Julia Kemper a repris ce vignoble
qui avait mauvaise réputation et y
a apporté de gros changements.
Le blanc, nettement mieux que
le rouge de cette même maison,
présente un excellent équilibre
entre l'alcool et l'acidité. Servi bien
frais, ce vin offre des notes florales
suivies d'une belle persistance
aromatique.»

Saumon sur planche et crémeux
de chèvre.

$$$

Herdade dos Grous, Moon
Harvested, Portugal
Vin rouge
42,50 $ | Alivin

«Moon Harvested est un nom qui en
dit long : les raisins sont récoltés à la
pleine lune selon un des principes de
la biodynamie. Ce vin présente un
nez exubérant de baies, de cacao et
d'épices. Tannique et long en bouche,
il se bonifie avec un passage d'au
moins une heure en carafe.»

Bitoque (steak à la portugaise)
sauce au madère.

Cuvée d'ici

Clos Jordanne, Le Grand Clos
Chardonnay, Péninsule du
Niagara, Ontario 2006
Vin blanc
66,00 $ | SAQ : 10697403

«Le Clos Jordanne est un très bon
producteur du Niagara. Rond en
bouche, avec une longue persistance
et des arômes complexes de fruits
blancs, ce vin canadien sait
surprendre.»

Poulet barbecue à la portugaise.

Jean-Francois Pettigrew

Cet épicurien a le vin tatoué sur le cœur. Un gars vraiment cool, qui vous fera faire des découvertes remarquables à des prix intéressants.

FORMATION

Jean-François Pettigrew a suivi une formation en sommellerie à l'École hôtelière de la Capitale.

PARCOURS PROFESSIONNEL

Il a travaillé comme sommelier aux restaurants Le Local, Bar & Bœuf, Château Bonne Entente, puis Chez Boulay.

AU-DELÀ DU RESTO

Le fait saillant de son parcours professionnel est certainement d'avoir pu travailler durant deux ans et demi aux côtés d'Élyse Lambert, détentrice du titre de Meilleure sommelière des Amériques. Cette expérience, grâce à laquelle il a beaucoup appris, a été pour lui des plus enrichissantes.

UNE DÉGUSTATION MÉMORABLE
Château Rauzan-Ségla, Margaux, Bordeaux, France 1990

Jean-François Pettigrew se souvient avec émotion du moment où la dégustation d'un grand Margaux lui a permis d'éprouver le bonheur d'une symbiose parfaite : « J'étais sur la terrasse avec ma copine après une grosse soirée de travail. Il faisait très beau et on était bien... Alors j'ai décidé d'ouvrir cette bouteille. J'avais déjà presque éprouvé ce sentiment, mais à cet instant précis je me suis rendu compte que, dans un moment parfait, un vin comme celui-là pouvait devenir encore meilleur. C'était la symbiose... »

Chez Boulay

chezboulay.com

1110, rue Saint-Jean, Québec, Qc G1R 1S4

418 380-8166
info@chezboulay.com
sommellerie@chezboulay.com

Chez Boulay est un restaurant d'environ 120 places, où le style bistro s'allie à l'inspiration boréale pour le plaisir gourmand. Le chef Jean-Luc Boulay et son complice Arnaud Marchand proposent une cuisine nordique qui met en valeur les produits du terroir régional selon les arrivages saisonniers.

ORIENTATION VIN

Compte tenu de la thématique boréale du restaurant, la carte se devait de contenir une importante sélection de vins canadiens. Pour le reste, explique Jean-François Pettigrew, il se fie à ses coups de cœur et choisit des vins qu'il lui fera plaisir de faire découvrir à ses clients. Que les vins proviennent des principaux pays producteurs n'est donc pas pour lui une priorité ; ainsi, il aime bien servir des vins d'Autriche, de Suisse ou du Liban. En revanche, il n'est pas du genre à n'inscrire que des vins nature sur sa carte : « Je suis un peu plus de la vieille école de ce côté », confie-t-il.

COMPOSITION DE LA CARTE DES VINS

40 % France, 10 % Italie, 10 % Espagne et Portugal, 15 % Canada, 5 % États-Unis, 20 % autres pays

Importations privées : 90 %
Offerts à la SAQ : 10 %

Sélection du sommelier

$

Cave de Roquebrun, Les Fiefs d'Aupenac, Saint-Chinian, France 2011

Vin blanc
19,45 $ I SAQ : 10559174

« La roussanne et la grenache donnent à ce blanc un côté enveloppant, avec des notes grillées et des arômes d'agrumes mûrs. J'aime bien l'utiliser avec des poissons en crème, et même avec des sushis à la maison ! »

Pétoncles et maquereau à la moutarde, courge, gratin en duo de bonbon, purée au sapin baumier, lait de ciboulette.

$$

The Foreign Affair, Dream, Péninsule du Niagara, Ontario, Canada 2008

Vin rouge
31,50 $ I SAQ : 11593833

« Un des meilleurs vins canadiens offerts chez nos amis de la SAQ. Environ 30 % des raisins ont été séchés sur la paille, comme pour les Amarone italiens. Sa texture et ses saveurs de cacao et de café s'harmonisent parfaitement au fruité pas trop mûr et aux tannins bien intégrés. »

Macreuse de bœuf Angus CAB, pommes de terre pont-neuf, confit de chou rouge, jus et beurre du moment.

$$$

Stratus, Syrah, Péninsule du Niagara, Ontario, Canada 2009

Vin rouge
47,50 $ I Rézin

« Quand la délicatesse et la féminité sont au rendez-vous avec des cépages comme la syrah, pour moi c'est l'idéal. Le côté poivré s'agence parfaitement au fruit, avec juste assez de caractère et de texture en bouche. J'adore agencer des plats mijotés avec ce genre de vins. »

Cocotte de joue de bison confite au vin rouge et à l'érable, trilogie de céleris.

Cuvée d'ici

Michel Jodoin, Cidre Rosé Mousseux, Rougemont, Québec

Vin de dessert et autres
19,15 $ I SAQ : 00733394

« C'est le mousseux idéal pour partager en apéro. Il est frais, digeste, léger et pas trop lourd en sucre. » La pomme Geneva confère sa couleur naturelle à ce mousseux élaboré selon la méthode traditionnelle champenoise. Un coup de cœur garanti !

Macarons boréaux ou en apéro.

Philippe Poitras

Il n'a pas peur de déboucher une bouteille tard le soir pour la faire connaître à ses clients. Un homme authentique, à l'image de la Bourgogne, sa région vinicole de prédilection.

FORMATION

Philippe Poitras possède une attestation de spécialisation professionnelle en sommellerie.

PARCOURS PROFESSIONNEL

Il a travaillé durant dix ans au restaurant Au Pied de Cochon, dont il a élaboré la carte des vins. Après avoir participé à l'ouverture de la Cabane à Sucre au Pied de Cochon, il a décidé de se consacrer entièrement à son nouveau projet, le restaurant Hambar, qui a ouvert ses portes en 2012.

AU-DELÀ DU RESTO

Durant cinq ans, Philippe a animé des ateliers sur les accords vins-mets à l'école de cuisine Mezza Luna d'Elena Faita. Par son amour pour cette région, il a notamment contribué à faire connaître les vins du Beaujolais au Québec. Au fil des ans, il a noué d'excellentes relations avec des vignerons et rencontré des personnes clés comme Champlain Charest, propriétaire du Bistro à Champlain et illustre personnage québécois de la scène vitivinicole.

UNE DÉGUSTATION MÉMORABLE
Domaine Armand Rousseau, Charmes-Chambertin, Bourgogne, France 1990

C'est lors d'un premier voyage en Bourgogne, à 19 ans, qu'il a eu l'occasion de déguster ce Charmes-Chambertin et de découvrir la magie du terroir bourguignon : « La fraîcheur de ce vin m'a fasciné ; l'acidité, l'équilibre, le fruit qu'on y retrouvait. C'est à ce moment que j'ai pris conscience que la Bourgogne était magique. »

Hambar

hambar.ca

355, rue McGill, Montréal, Qc H2Y 2E8

514 879-1234
info@hambar.ca

Situé dans le Vieux-Montréal, le Hambar est un restaurant chic et sans prétention. On y retrouve l'ambiance du Soho new-yorkais, avec une saveur européenne. Son menu simple et raffiné met de l'avant les charcuteries et propose des jambons en provenance d'Espagne, d'Italie et de France. Sa carte des vins présente certains crus parmi les plus rares. Idéal pour un lunch d'affaires, un cinq à sept ou un festin entre amis.

ORIENTATION VIN

Philippe Poitras a suivi les principes suivants dans l'élaboration de sa carte : « Les vins qui figurent sur la carte du Hambar sont produits par des vignerons que je connais et que j'apprécie. Ces vins sont axés sur la fraîcheur. Peu importe la gamme de prix, ce sont tous des vins que j'aime et ils sont à mes yeux les meilleurs dans leur catégorie. »

COMPOSITION DE LA CARTE DES VINS

65 % France, 20 % Italie, 5 % Espagne,
10 % Nouveau Monde

Importations privées : 95 %
Offerts à la SAQ : 5 %

Sélection du sommelier

$

Domaine François Villard,
L'appel des Sereines,
Vin de pays des Collines
rhodaniennes, France 2009

Vin rouge
19,80 $ I SAQ : 11553891

« Cette syrah est produite par
François Villard, grand vigneron de
la vallée du Rhône. C'est une syrah
de plaisir, dans la lignée des vins de
soif. Elle présente un style plein de
fraîcheur et de fruit, accompagné
d'une belle acidité. »

Meatballs de cerf, tomates
et parmesan.

$$

Jean Foillard, Morgon,
Beaujolais, France 2010

Vin rouge
25,15 $ I SAQ : 11964788

« Ce vin est à la fois agréable et
complexe. Conçu à partir de gamay,
il donne l'impression qu'il provient
de Bourgogne. Il s'adapte vraiment
à toutes les occasions. C'est pour ça
qu'on l'aime autant ! »

Plateau de charcuteries.

$$$

Clos Figueres, Font de la
Figuera, Priorat, Espagne 2008

Vin rouge
68,00 $ I SAQ Signature :
11649307

« Ce vin aux arômes de fruits mûrs,
où domine la grenache, séduit par
son nez envoûtant. C'est un vin
frais aux tannins bien intégrés.
Corsé, il impressionne par son
équilibre. Une cuvée élégante et
séduisante. »

Bouts de côtes de bœuf, légumes-
racines, feuilles de romaine.

Cuvée d'ici

Malivoire Wine, Chardonnay
Moira, VQA Beamsville Bench,
Péninsule du Niagara,
Ontario 2009

Vin blanc
20,00 $ I Authentic Wine &
Spirits Merchants

« Ce vin canadien est un grand
chardonnay du Nouveau Monde. Il
séduit par son nez complexe et ses
notes d'agrumes et de miel. Le boisé
bien intégré s'accompagne d'une
texture très agréable, le tout
soutenu par une belle acidité. »

Homard, sauce hollandaise
et salicorne.

Ian Purtell

Un jeune amoureux du vin plein d'idées novatrices. Humble et vrai, il sait toujours prodiguer de bons conseils, et ce, pour toutes les bourses.

FORMATION

Ian Purtell a suivi une formation en sommellerie (mention ASP). Il possède aussi un diplôme de sommelier-conseil de l'Université Suze-la-Rousse (France).

PARCOURS PROFESSIONNEL

Avant d'assurer la direction de L'Aurochs Steakhouse, il a dirigé plusieurs restaurants (Cumulus, Le Vestibule, La Tomate Blanche) et travaillé à titre de directeur de banquet et de salle à manger pour quelques hôtels (Hôtel Mortagne, Hôtel des Seigneurs, Château Bromont).

AU-DELÀ DU RESTO

Plusieurs de ses cartes des vins ont été primées, tant à l'échelle régionale que nationale. Sa carte du Château Bromont a obtenu le titre de plus belle carte des vins du Québec en 2004, ainsi que des mentions d'excellence du magazine *Wine Spectator* en 2004 et en 2005. Sa carte du restaurant La Tomate Blanche a remporté le titre de plus belle carte des vins de la Rive-Sud en 2008.

UNE DÉGUSTATION MÉMORABLE
Les Pervenches, Chardonnay, Farnham, Québec

Ian Purtell se trouvait avec des collègues sommeliers lorsqu'on lui a servi ce vin à l'aveugle. Tous étaient persuadés qu'il s'agissait d'un vin de Bourgogne ou d'une appellation voisine, jusqu'à ce qu'on leur révèle que cette cuvée conçue principalement à partir de chardonnay provenait du Québec : « Wow ! Quelle découverte... Nous étions tous renversés. »

L'Aurochs Steakhouse

laurochs.com

9395, boul. Leduc, suite 5, Brossard, Qc J4Y 0A5

450 445-1031

L'Aurochs Steakhouse est un restaurant de 150 places situé dans le Quartier Dix30. Dans un décor somptueux où se marient verre et boiseries, il propose des steaks de bœuf Angus goûteux, aux cuissons justes. Les coupes sont servies avec des pommes de terre et un accompagnement au choix. Il est aussi possible d'y déguster poissons et fruits de mer ou encore d'opter pour un menu terre et mer.

ORIENTATION VIN

La carte des vins est à l'image du steakhouse. Elle comprend des vins aux cépages plutôt costauds, issus de régions chaudes où l'on peut obtenir davantage d'extraction et de saveur. Elle renferme des petites trouvailles, de vieux millésimes et une grande sélection de vins à 39 $ et à 49 $. Deux pages de la carte sont consacrées aux seconds vins de châteaux. La carte varie selon les arrivages et repose principalement sur les importations privées, qui permettent de faire découvrir des nouveautés.

COMPOSITION DE LA CARTE DES VINS

45 % France, 20 % Espagne, 10 % États-Unis,
5 % Italie, 5 % Canada, 5 % Australie,
10 % autres pays du Nouveau Monde

Importations privées : 85 %
Offerts à la SAQ : 15 %

Sélection du sommelier

$

Michele Chiarlo,
Nivole, Moscato d'Asti,
Piémont, Italie (375 ml)

Vin mousseux
11,60 $ | SAQ : 00979062

«Vous avez ici un vin festif de
Michele Chiarlo. Ses fines bulles
ne laissent pas entrevoir sa faible
teneur en alcool, qui atteint à peine
5 %. Il rappelle la fraîcheur d'une
pêche bien mûre avec une douce
finale *frizzante* sur de jolies bulles
délicates»

Au brunch, avec un pain doré
fait à partir de panettone.

$$

M. Chapoutier, Bila-Haut
Occultum Lapidem,
Côtes du Rousillon Villages,
France 2009

Vin rouge
24,25 $ | SAQ : 10895186

«Un grand vin à petit prix. Ce vin
signé Michel Chapoutier rafle de
nombreux honneurs. De l'appellation
Côtes du Roussillon Villages, ce vin
rouge nous rappelle le plaisir de la
cerise noire, avec des notes d'épices
(poivre noir). C'est un vin doté
d'une belle structure, de tannins
charmeurs, le compagnon idéal
d'un steakhouse.»

Une bonne pièce de bœuf CAB
cuite à la perfection.

$$$

Klein Constantia, Vin de
Constance, Western Cape,
Afrique du Sud

Vin de dessert et autres
63,00 $ | SAQ : 10999655

«D'une robe dorée et dense, ce vin
a des arômes de fruits exotiques
et d'orange confite, avec des
nuances de noix, d'épices, de
pétales de roses, sans trop d'excès
de sucre. Il faut le servir à une
température entre 8 et 10 degrés
après l'avoir passé en carafe au
minimum 30 minutes.»

C'est un dessert à lui tout seul!
Sinon, avec une tarte aux fruits
(abricots/pêches).

Cuvée d'ici

Domaine Les Pervenches,
Chardonnay, Farnham,
Québec 2011

Vin blanc
25,00 $ | La QV

«Ce vin blanc sec présente
des arômes de miel et de fruits à
chair blanche. En bouche, il offre
une touche de beurre issue du
chardonnay, une rondeur venant
de son passage en fût de chêne.
Quel délice pour les papilles !
C'est un très beau vin.»

Fruits de mer et poissons
ou bien en apéro.

Christian Rado

Cette sommité décorée d'une Grappe d'or œuvre auprès de Champlain Charest, le plus grand collectionneur de vins rares et prestigieux au Québec.

FORMATION

Christian Rado possède une formation en sommellerie de l'École hôtelière des Laurentides. Il détient également un diplôme de l'ITHQ en techniques de gestion de service alimentaire.

PARCOURS PROFESSIONNEL

Né dans une famille de restaurateurs, il a travaillé pendant plusieurs années au restaurant familial Chatel Vienna à Sainte-Agathe. Il a eu la chance ensuite d'entrer au Bistro à Champlain, où il occupe le poste de sommelier depuis une douzaine d'années. « Une expérience unique », confie-t-il.

AU-DELÀ DU RESTO

Membre fondateur de l'Association canadienne des sommeliers professionnels, il a reçu l'an dernier une Grappe d'or (la huitième seulement à être décernée au Canada) pour sa contribution à l'organisation des concours du Meilleur sommelier du Québec, de 1986 à 2001, et celui du Meilleur sommelier du monde tenu à Montréal en 2000.

UNE DÉGUSTATION MÉMORABLE
Domaine de la Romanée-Conti, Montrachet, Bourgogne, France 1993

Christian Rado a eu l'occasion de goûter il y a quelques années à ce vin d'exception en la compagnie de Champlain Charest, Monique Nadeau et... M. Aubert de Villaine lui-même, directeur et copropriétaire du mythique domaine de la Côte de Nuits. Malgré le temps écoulé, il garde toujours une mémoire vive de ce Montrachet superbement équilibré, d'une élégance parfaite, puissant et fin, et d'une belle couleur dorée. « C'est un vin si bon qu'il faut le boire seul, il faut le siroter comme un Yquem. »

Bistro à Champlain

bistroachamplain.com

75, ch. Masson, Sainte-Marguerite-du-lac-Masson, Qc J0T 1L0

450 228-4988

champlain@bistroachamplain.com

Les propriétaires du célèbre bistro, Monique Nadeau et Champlain Charest, sont des passionnés de vins depuis toujours. Le restaurant, qui s'est installé dans un vieux magasin général bâti en 1864, surplombe la beauté majestueuse du lac Masson. Acheté par Champlain Charest en 1974 avec son ami le peintre Jean-Paul Riopelle, le restaurant présente une belle collection de tableaux de divers artistes, incluant naturellement des toiles de Riopelle lui-même. Conçue pour glorifier le vin, la cuisine du bistro marie la délicatesse des goûts et des arômes.

ORIENTATION VIN

Récipiendaire du «Grand Award» de la revue *Wine Spectator* depuis 1988, élu Restaurant de l'année par *La Revue du vin de France* en 1997, le Bistro à Champlain renferme l'une des plus belles caves à vin d'Amérique du Nord avec pas moins de 8000 bouteilles. La carte, qui évolue constamment, se lit comme un répertoire des plus grands crus, rassemble des vins recueillis depuis plusieurs décennies... et compte plus de 75 pages !

COMPOSITION DE LA CARTE DES VINS

70 % France, 8 % Italie, 7 % autres pays d'Europe,
8 % États-Unis, 5 % Canada, 2 % autres pays

Importations privées : 75 %
Offerts à la SAQ : 25 %

Sélection du sommelier

$

Patrick Piuze, Petit Chablis,
Bourgogne, France 2011

Vin blanc
20,30 $ | SAQ : 11463182

« Ce vin est tout en élégance et en
rondeur, avec une belle minéralité
et une acidité bien équilibrée. Il
peut se boire seul ou en mangeant.
C'est un produit de garde, mais on
peut le boire jeune pour le plaisir. »

Bar noir au beurre blanc, légumes
et pommes de terre rattes.

$$

Domaine Simon Bize & Fils,
Les Champlains, Bourgogne,
France 2009

Vin blanc
29,50 $ | SAQ : 11815643

« Ce vin est très bien fait, avec un
bel équilibre. Il provient d'une
année exceptionnelle, 2009, qui le
rend vraiment agréable, rond et
frais sur des notes de poires
blanches et de noix. »

Pétoncles du Havre-Saint-Pierre au
beurre blanc citronné et juliennes
de légumes.

$$$

Domaine Alain Burguet,
Les Pince Vin, Bourgogne,
France 2006

Vin rouge
39,66 $ | Plan Vin

« Ce bourgogne d'Alain Burguet est
à la fois un vin de soif et un vin de
garde. Il présente une belle richesse
de couleur, il est complexe au nez,
élégant avec des notes de pomme
jaune et de pêche. »

Tartare de thon rouge à la lime et
coriandre fraîche.

Cuvée d'ici

Vignoble du Marathonien,
Vidal, Havelock, Québec 2008

Vin de dessert et autres
54,25 $ | SAQ : 11398317

« Ce vin de glace créé à partir du
cépage vidal offre des arômes de
pêche et d'abricot. Le dosage du
sucre résiduel y est exceptionnel.
L'équilibre entre la richesse et
l'acidité en font un vin tout
simplement délectable. »

Crêpe Suzette au Grand Marnier.

Cassady Sniatowsky

Restaurateur dans l'âme, il offre des vins splendides avec une carte qui accompagne les sushis à merveille. Tout un défi à relever !

FORMATION

Cassady Sniatowsky a terminé le deuxième niveau du Master Sommelier (chapitre américain), communément appelé CMS ou « Certified Master Sommelier ».

PARCOURS PROFESSIONNEL

Il a travaillé au Treehouse et au Petit Treehouse, avant de passer au Kaizen, où il exerce son métier depuis plus d'une quinzaine d'années.

AU-DELÀ DU RESTO

Les voyages et rencontres qu'il a effectués au fil de sa carrière ont alimenté sa passion pour le vin. Il déguste constamment de nouveaux vins et sakés afin de pouvoir proposer une carte variée, car il n'est pas toujours facile de composer des accords avec la cuisine asiatique.

UNE DÉGUSTATION MÉMORABLE
François Cotat, Sancerre Chavignol Rosé, Loire, France

Cassady Sniatowsky aime beaucoup le sancerre blanc de François Cotat. Le cépage sauvignon blanc y est d'une vibrance et d'une minéralité remarquables, qui laissent bouché bée : « Quand un vin te donne des frissons, c'est bon signe », remarque-t-il. Et pourtant, c'est un vin rosé du même producteur qu'il adore par-dessus tout : « Son rosé a été une vraie révélation, car il m'a montré qu'un rosé peut être un vin de très grande qualité. »

Kaizen

kaizen-sushi-bar.com

4075, rue Sainte-Catherine Ouest, Montréal, Qc H3Z 3J8

514 707-8744
info@70sushi.com

Le Kaizen est une institution à Montréal. On y offre, dans une ambiance jazz et feutrée, un choix varié de tempuras croustillantes, de sushis, de sashimis, de makis et de soupes, ainsi que des viandes et des poissons frais soigneusement présentés. Le restaurant s'est doté récemment d'une politique visant l'utilisation d'aliments naturels et biologiques. En plus d'une intéressante carte des vins, l'établissement propose à sa clientèle la plus grande sélection de sakés froids au Québec.

ORIENTATION VIN

La carte du Kaizen renferme une liste impressionnante de grands vins et elle est en constante évolution. Cassady Sniatowsky explique qu'il a bâti sa carte en privilégiant des vins qui sont liés à la culture culinaire : « Je favorise des vins moins puissants en alcool et qui ont fait l'objet de moins de manipulations, donc des vins nature, biodynamiques ou agrobiologiques, qui maximisent l'expression du terroir. »

COMPOSITION DE LA CARTE DES VINS

65 % France, 10 % Italie, 10 % États-Unis, 5 % Australie,
5 % Nouvelle-Zélande, 5 % Japon

Importations privées : 75 %
Offerts à la SAQ : 25 %

Sélection du sommelier

$

Argyros, Atlantis, IGP Cyclades, Santorini, Grèce 2012

Vin blanc
17,25 $ | SAQ : 11097477

« J'adore ce vin pour sa fraîcheur. Sa personnalité vive et dynamique lui confère droiture et race. C'est un vin splendide pour le prix, avec une jolie tension et une belle expression du terroir. Il est parfait pour les mets asiatiques, les mollusques et les fruits de mer. »

Huîtres fraîches, mignonnette et raifort.

$$$

Domaine Solange Tribut, Chablis Village blanc, Bourgogne, France 2011

Vin blanc
30,00 $ | Œnopole

« Ce vin représente la pureté de l'appellation, l'équilibre parfait entre la nuance et l'intensité. Cette grande cuvée démontre que le chardonnay peut donner des vins vibrants et saisissants. Elle démontre aussi à quel point les grands blancs méritent d'être découverts ! »

Coquille Saint-Jacques.

$$

Domaine Barmès Buecher, Pinot Gris, Rosenberg, Alsace, France 2009

Vin blanc
27,65 $ | SAQ : 11655811

« Le pinot gris est un cépage passe-partout. La pointe mielleuse légèrement sucrée atténue le côté épicé de certains plats. Mais le plus impressionnant, c'est sa minéralité issue d'un sol granitique et calcaire. En finale, les notes de fleurs blanches maximisent l'expression des poissons frais. »

Makis de thon épicé.

Cuvée d'ici

Venturi-Schulze, Brut Naturel, Colombie-Britannique 2009

Vin mousseux
32,10 $ | Venturi-Schulze Vineyards

« Voilà un mousseux canadien de haute qualité. Il est fait avec deux cépages issus d'Alsace et d'Allemagne, le pinot auxerrois et le kerner. Il en résulte un vin très frais, pas trop riche, très direct et très pur. »

Plateau de fruits de mer.

Micael Soares

Pionnier des supper clubs *sur la Rive-Sud, le Novello est l'endroit pour voir et être vu. Tous les classiques d'Italie sont sur la carte !*

FORMATION

Micael Soares a acquis ses connaissances de sommelier au fil des ans grâce à son travail dans la restauration et à de nombreuses dégustations. Sa passion du vin lui a été transmise par son entourage, tout aussi passionné que lui, et par son important réseau social dans le milieu de la sommellerie.

PARCOURS PROFESSIONNEL

Depuis 14 ans, il travaille au restaurant Novello. Il y a organisé des soupers-dégustations incluant des vins de grands producteurs, tels Grgich Hills Estate, Two Hands et Seghesio.

AU-DELÀ DU RESTO

Parmi ses expériences vinicoles se démarque un voyage effectué dans le nord de l'Espagne, dans la région de Castille-et-León, où il a eu la chance de visiter des vignobles de renom, dont Abadia Retuerta, Vega-Sicilia, Pesquera et Dominio de Pingus, et qui a permis la dégustation de vins hors pair.

UNE DÉGUSTATION MÉMORABLE
Abadia Retuerta, Pago Negralada Tempranillo, Castille-et-León, Espagne

C'est au terme d'une visite au vignoble d'Abadia Retuerta, situé au cœur de Sardón de Duero, que Micael Soares a découvert ce vin d'exception, représentation parfaite du tempranillo modernisé : « Ses tannins fermes, ses arômes de fruits rouges et de réglisse en font un vin riche et généreux, digne des grands vins et de leur finesse. » L'élevage de 24 mois en barriques neuves de chêne français procure à ce vin son excellente maturité.

Novello

novello.com

1052, rue Lionel-Daunais, Suite 401, Boucherville, Qc J4B 0B2

450 449-7227
infonovello@videotron.ca

Depuis un peu plus de 20 ans, le Novello propose une fine cuisine italienne inspirée du marché. Situé au cœur du nouveau quartier branché de Boucherville, le restaurant comprend une grande salle à manger pouvant accueillir plus de 120 personnes, une élégante salle privée de 35 places, et une terrasse en saison estivale.

ORIENTATION VIN

Depuis sept ans, Micael Soares sélectionne des vins qui s'accordent bien avec la gastronomie italienne servie au Novello; il les choisit aussi en fonction de ses goûts et de ceux de ses bons clients. Toujours à la recherche de nouveautés et de produits d'exception, il assiste chaque année à plusieurs salons de vins et consulte fréquemment les blogues spécialisés. Pour cette raison, sa carte renferme principalement des vins exclusifs d'importation privée.

COMPOSITION DE LA CARTE DES VINS

65 % Italie, 30 % Nouveau Monde,
4 % France, 1 % Espagne

Importations privées : 95 %
Offerts à la SAQ : 5 %

Sélection du sommelier

$

Citra, Montepulciano d'Abruzzo,
Abruzzes, Italie (1 litre)

Vin rouge
10,35 $ | SAQ : 00103861

« Généreux et concentré pour
un prix aussi abordable, ce vin
présente une belle longueur en
bouche, avec des arômes de fruits
rouges bien équilibrés. » Rien de
compliqué, c'est un vin digeste
et facile à boire, idéal pendant
la semaine pour accompagner
vos repas.

Magret de canard laqué soya
et érable.

$$$

Bastianich, Vespa Rosso,
IGT Venezia Giulia, Italie 2009

Vin rouge
37,95 $ | Vinealis

« Ce vin est fait d'un bel assemblage
de merlot à 50 %, et des cépages
refosco, cabernet sauvignon et
cabernet franc. Pour son climat
frais, sa structure est remarquable.
Sa belle acidité et ses beaux fruits
mûrs créent un vin bien équilibré.
Il s'accorde bien avec les viandes
braisées. »

Osso buco (jarret de veau aux fines
herbes et sauce tomate).

$$

Abadia Retuerta, Selección
Especial, Castille-et-León,
Espagne 2009

Vin rouge
25,95 $ | SAQ : 10856101

« L'élaboration de ce vin est
impeccable pour cette gamme de
prix. En 2005, le vignoble a remporté
le titre de meilleur vin rouge pour sa
cuvée 2001 à l'International Wine
Challenge de Londres. » Notes de
réglisse noire, d'épices et de fruits
mûrs. Superbe assemblage de
tempranillo, cabernet sauvignon
et syrah.

Carré d'agneau en croûte de Dijon,
sauce porto.

Cuvée d'ici

La Bauge, Novembre –
Vendange Tardive, Brigham,
Québec 2010 (375 ml)

Vin de dessert et autres
17,40 $ | SAQ : 10853189

« Ce vin de vendange tardive m'a
surpris par ses notes florales et sa
grande fraîcheur. En fin de soirée, il
est parfait comme digestif. Il nous
fait toujours plaisir de faire découvrir
ce produit d'ici à nos clients. »
Un assemblage original de vidal,
d'hibernal, de Frontenac gris, de
seyval blanc, créé par le sympathique
vigneron Simon Naud.

Plateau de fromages québécois.

Liette Tremblay

Une sommelière au parcours impressionnant, bien chez elle dans le cadre raffiné et décontracté de la Brasserie T! Elle signe une carte de qualité, sobre et authentique.

FORMATION

Liette Tremblay est diplômée de l'Institut de tourisme et d'hôtellerie du Québec en gestion hôtelière et possède une attestation de spécialisation professionnelle en sommellerie de l'École hôtelière des Laurentides.

PARCOURS PROFESSIONNEL

Elle a travaillé dans les domaines de la restauration et de la représentation de vins, ainsi qu'à la SAQ. Elle a été sommelière au bistro Le Clocher Penché et au restaurant Accords avant de devenir sommelière en chef à la Brasserie T! en 2011.

AU-DELÀ DU RESTO

En 2009, Liette Tremblay a obtenu une bourse de la Fondation de la Maison du Gouverneur qui lui a permis d'effectuer un stage de perfectionnement en sommellerie durant six semaines en Italie.

UNE DÉGUSTATION MÉMORABLE
Champagne Bollinger Rosé

Pour Liette Tremblay, la dégustation de ce champagne qu'elle n'hésite pas à qualifier d'« inégalable » est restée gravée dans sa mémoire : « Ce champagne m'a marquée par sa bulle fine et persistante, son intensité aromatique rappelant les notes de fruits rouges sauvages et d'épices. Et en bouche, je me rappelle sa jolie sensation tannique, sa fraîcheur vive en acidité et sa belle longueur qui s'achève sur une matière fruitée en finale. »

Brasserie T!

brasserie-t.com

1425, rue Jeanne-Mance, Montréal, Qc H2X 2J4

514 282-0808
info@brasserie-t.com

La Brasserie T! est animée par l'esprit créatif de Charles-Antoine Crête, jeune protégé du chef et mentor Normand Laprise. Située en plein cœur du Quartier des spectacles, dans un intérieur sympathique et lumineux, la brasserie offre une cuisine qui régale, accessible et en harmonie avec son emplacement hyper contemporain. On y propose des plats à base de produits de qualité et saisonniers, des charcuteries maison, des tartares, des plateaux de la mer et d'autres délices typiques d'une brasserie. Durant la saison des festivals, sa terrasse avec vue sur les fontaines et la grande scène musicale constitue un lieu magique et féérique.

ORIENTATION VIN

La carte propose des vins de divers caractères, cépages et provenances, en privilégiant les producteurs qui respectent leur terroir et utilisent des méthodes de culture inspirées de l'agriculture biologique et de la biodynamie. La carte présente des vins à divers prix afin de pouvoir satisfaire toutes les bourses.

COMPOSITION DE LA CARTE DES VINS

60 % France, 13 % Italie, 13 % Espagne,
14 % autres pays

Importations privées : 95 %
Offerts à la SAQ : 5 %

Sélection du sommelier

$

Argyros, Atlantis, IGP Cyclades,
Santorini, Grèce 2012
Vin blanc
17,25 $ | SAQ : 11097477

« La cuvée Atlantis provient de
l'île volcanique de Santorini et est
issue de vieilles vignes du cépage
autochtone assyrtiko. Ce vin arbore
une robe jaune très pâle aux reflets
verts. Son nez rappelle le citron
confit. En bouche, il est vif et
très minéral. Il perdure sur une
note saline.»

Huîtres fraîches servies nature avec
une touche de citron au goût.

$$

Château Revelette, Le Grand
Rouge, Bouches-du-Rhône,
France 2010
Vin rouge
32,75 $ | SAQ : 10259745

« Ce vin de Provence est composé
principalement de syrah et de
cabernet sauvignon, avec aussi de
la grenache et du carignan. Il est
doté d'une robe rubis intense aux
reflets grenat. Le nez est marqué
par des arômes de cassis, de cuir et
d'épices. Sa bouche est riche et
voluptueuse, soutenue par la
fraîcheur de l'acidité. C'est un
vin élégant et savoureux.»

Bavette de bœuf.

$$$

Bourdaire-Gallois, Champagne
brut, Champagne, France
Champagne
46,00 $ | Le Pot de Vin

« Ce champagne issu de Pouillon,
au nord de Reims, est conçu
uniquement à partir de pinot
meunier. Sa bulle est très fine et
persistante. Au nez, il présente des
arômes délicats de noisette et de
praline. Son attaque en bouche est
fraîche et dominée par des notes
d'agrumes. La finale persiste sur
des notes briochées.»

Terrine de foie gras.

Cuvée d'ici

Tawse, Gamay noir, Péninsule
du Niagara, Ontario 2011
Vin rouge
22,00 $ | Le Pot de vin

« Ce gamay cultivé dans la région
du Vineland arbore une robe rouge
assez profonde. Le nez aromatique
dégage des notes de confiture de
cassis et de cerise. En bouche, il
est joufflu et les tannins sont
souples. Un vin très agréable et
rafraîchissant, doté d'une finale
de sous-bois et d'épices.»

Plateau de charcuteries.

David Ward

Connu comme « le sommelier à la casquette », il défend les vins nature. Un pro du vin à l'état brut.

FORMATION

David Ward possède une attestation de spécialisation professionnelle en sommellerie de l'École hôtelière de Laval.

PARCOURS PROFESSIONNEL

Avant de travailler au Pastaga, vins nature et restaurant, il a été serveur au bar à vin Le Bouchonné ainsi que sommelier au restaurant La Salle à Manger.

AU-DELÀ DU RESTO

David Ward souligne que c'est grâce aux cours de Don-Jean Léandri à l'École hôtelière de Laval qu'il a pu acquérir de solides connaissances sur la théorie du vin. Pour le reste, ce sont les contacts avec les vignerons et les agents d'importation, ainsi que la confiance des propriétaires de restaurants, qui lui ont permis d'approfondir sa connaissance du vin et de démarrer sa carrière.

UNE DÉGUSTATION MÉMORABLE

Domaine Peyre Rose, Clos Syrah Léone, Coteaux du Languedoc, France 2002

David Ward a été impressionné à tous points de vue par ce vin puissant, complexe et élégant, qui évolue continuellement tout au long de la dégustation : « On goûte un fruit très croquant avec un élevage très bien intégré. Le vin a une profondeur exceptionnelle et il est long en bouche. Chaque gorgée apporte le sourire et la joie de vivre. » Ce grand vin convient pour les meilleures tables et les grandes occasions, assure le sommelier : « Il présente une buvabilité exemplaire, qui déclasse certains vins de Côte-Rôtie, Cornas et compagnie... »

Pastaga

pastaga.ca

6389, boul. Saint-Laurent, Montréal, Qc H2S 3C3

438 381-6389

Le Pastaga, vins nature et restaurant, c'est la cuisine du chef renommé Martin Juneau dans une ambiance conviviale de bistro-bar à vin. On peut même y manger, seul ou en groupe, à la table du chef dans la cuisine, tout en visionnant les matchs des Canadiens !

ORIENTATION VIN

La carte est entièrement composée de vins naturels, c'est-à-dire de vins où la transformation du raisin s'est effectuée sans aucun ajout d'intrants. Les vignerons qui les produisent n'utilisent que des levures naturelles et pas (ou très peu) de sulfites ; et ils ne pratiquent pas la chaptalisation (ajout de sucre) ni ne procèdent à aucune filtration. La plupart d'entre eux cultivent la vigne de façon biologique ou biodynamique. «J'ai carte blanche au Pastaga, se réjouit David Ward, ce qui me permet vraiment de faire une carte dynamique et vivante !» Sa quête de vins uniques l'a d'ailleurs mené à lancer récemment sa propre agence d'importation de vin, Ward & associés, dont quelques exclusivités se retrouvent sur la carte du Pastaga.

COMPOSITION DE LA CARTE DES VINS

60 % France, 30 % Italie, 10 % autres pays

Importations privées : 99 %

Offerts à la SAQ : 1 %

Sélection du sommelier

$

Andrea Calek, Babiole,
Vallée du Rhône, France 2011

Vin rouge
22,00 $ | Ward & associés

«Andrea Calek, le Tchèque en Ardèche! Cette cuvée issue de grenache et de syrah est vinifiée dans l'esprit naturel pur et dur. C'est rond, souple, friand et plein de caractère, mais coulant à souhait. Une bouteille suffit rarement, à boire avec plaisir et entre amis!»

Tataki de bœuf, ketchup maison, croquettes d'aligot.

$$

Vincent Gaudry, Le Tournebride,
Sancerre, Loire, France 2011

Vin blanc
27,00 $ | Ward & associés

«Le Tournebride est issu de trois terroirs où les vignes sont cultivées en biodynamie. Aucun soufre n'est ajouté durant la fermentation. L'élevage sur lies se fait sans bâtonnage et en cuve inox. Cela donne un blanc bien détendu et enrobant, plein d'une belle minéralité sancerroise.»

Omble de la Nouvelle-Écosse mariné, salade de pommes de terre crémeuse aux herbes, «jerky» d'omble.

$$$

Domaine du Coulet, Les
Terrasses du Serre, Cornas,
France 2009

Vin rouge
78,75 $ | SAQ : 11229556

«Cette syrah du nord de la vallée du Rhône présente des notes de poivre et de fruits mûrs. L'extraction est importante, les tannins soyeux. La bouche gourmande et ronde est suivie d'une longue finale. Ce vin complexe peut vieillir, mais il se boit avec plaisir en jeunesse.»

Côte de bœuf naturel pour deux, purée d'échalotes, oignons confits sous vide et champignons Pied bleu.

Cuvée d'ici

Pearl Morissette, Chardonnay
Cuvée 19ᵉ, VQA Twenty Mile
Bench, Ontario 2010

Vin blanc
37,99 $ | Vinealis

«Le Québécois François Morissette est probablement le meilleur vigneron au Canada. Son domaine produit un chardonnay à rendre jaloux nos cousins d'Europe... Au nez, il présente des notes minérales, en bouche, une matière ample. L'élevage est bien intégré et l'harmonie entre la minéralité et l'acidité est exemplaire.»

En apéro, tout simplement, ou encore avec de l'omble de la Nouvelle-Écosse.

Où acheter ces vins?

La plupart des vins cités dans ce livre sont offerts en SAQ, en ligne et en succursale. Notez que pour mettre la main sur certains vins de prestige, il vous faudra avoir recours aux Services SAQ Signature, qui vous donnent accès au *Courrier vinicole*, un catalogue de produits rares et exclusifs. Trouvez tous les détails à ce sujet au saq.com/courriervinicole.

Quant aux vins qui ne sont pas offerts en SAQ, vous pouvez vous les procurer par le biais de l'importation privée. N'hésitez pas à contacter l'agence ou le domaine cité en lieu et place du code SAQ : c'est une belle façon de faire des découvertes, et beaucoup plus simple qu'on pourrait le croire.

Voici les agents et domaines où vous procurer les coups de cœur de sommeliers qui ne sont pas offerts en SAQ :

Agence Tannins
agencetannins.com

Activin
activin.ca

Alivin
alivin.ca

**Authentic Wine &
Spirits Merchants**
awsm.ca

Bacchus 1976
bacchus1976.com

La Céleste Levure
lacelestelevure.ca

Clos Saragnat
saragnat.com

Domaine Côtes d'Ardoise
cotesdardoise.com

Domaine & Vins Gélinas
domainegelinas.com

**La Fontaine –
Vins & Liqueurs**
la-fontaine.ca

Glou
glou-mtl.com

Importation AMG
importation-amg.ca

Importation Le Pot de Vin
raspipav.com

LBV International
lbvinternational.com

Le Maître de Chai
lemaitredechai.qc.ca

Le Marchand de vin
mdv.ca

Mon Caviste
moncaviste.ca

Œnopole
oenopole.ca

Passion Gourmet
passiongourmet.ca

Plan Vin
raspipav.com

La QV
laqv.ca

Rézin
rezin.com

Société Roucet
roucet.com

Sublime Vins & Spiritueux
sublimevins.ca

Symbiose Vins et Cie
symbiose-vins.com

Trialto
trialto.com

Venturi-Schulze Vineyards
venturischulze.com

Vignoble d'Oka
vignobledoka.com

Vignoble des Négondos
negondos.com

Vignoble Rivière du Chêne
vignobleriviereduchene.ca

Vinealis
vinealis.qc.ca

Vini-Vins
info@vini-vins.com

Vin Libre
vinlibre.ca

Ward & associés
wardetassocies.com

Index général des vins

Vin mousseux

Canada

Espagne

France

Italie

Vin rosé

Canada

France

Bourgogne

Anita, Jean-Pierre et Stéphanie Colinot,
Bourgogne rosé, France 2011 .... Le Maître de Chai..... 40,00 $ 49

Vin blanc

Allemagne

Moselle

Weingut Clemens Busch, Riesling Marienburg
Grosses Gewächs, Moselle, Allemagne 2010 .... Ward & associés .... 45,00 $ 113

Canada

Ontario

Bachelder, Chardonnay,
Péninsule du Niagara, Ontario, Canada 2010 .... SAQ : 11873721 .... 29,95 $ 121

Clos Jordanne, Le Grand Clos Chardonnay,
Péninsule du Niagara, Ontario, Canada 2006 .... SAQ : 10697403 .... 66,00 $ 181

Domaine Southbrook, Niagara Peninsula Chardonnay,
Ontario, Canada 2010 .... Trialto .... 35,00 $ 37

Henry of Pelham, Réserve Short Hills Bench Riesling,
Péninsule du Niagara, Ontario, Canada 2010 .... SAQ : 00283291 .... 16,90 $ 11

Le Clos Jordanne, Chardonnay Village Réserve,
Péninsule du Niagara, Ontario, Canada 2009 .... SAQ : 11072131 .... 41,50 $ 133

Malivoire Wine, Chardonnay Moira, VQA Beamsville Bench, ... Authentic Wine & ..... 20,00 $ 189
Péninsule du Niagara, Ontario, Canada 2009   Spirits Merchants

Pearl Morissette, Black Ball Riesling, VQA Twenty
Mile Bench, Niagara, Ontario, Canada 2010 .... Vinealis .... 23,89 $ 41

Pearl Morissette, Chardonnay Cuvée 19ᵉ,
VQA Twenty Mile Bench, Ontario, Canada 2010 .... Vinealis .... 37,99 $ 213

Rosehall Run, Chardonnay, Comté du Prince-Édouard,
Ontario, Canada 2009 .... SAQ : 11889651 .... 20,20 $ 97

Thomas Bachelder, Niagara Peninsula Chardonnay,
Ontario, Canada 2010 .... SAQ : 11873721 .... 29,95 $ 177

Québec

Domaine & Vins Gélinas, Cavalier du Versant, ... Domaine & .... 15,00 $ 105
Saint-Sévère, Québec, Canada 2011   Vins Gélinas

Domaine Les Brome, Réserve St-Pépin,
Québec, Canada .... SAQ : 10919723 .... 33,00 $ 25

Domaine Les Pervenches, Chardonnay,
Farnham, Québec, Canada, 2011 .... La QV .... 25,00 $ 49, 53, 193

Domaine Les Pervenches, Seyval-Chardonnay,
Farnham, Québec, Canada 2011 .... La QV .... 16,50 $ 129

Domaine Les Pervenches, Solinou Seyval-Chardonnay,
Farnham, Québec, Canada 2010 .... La QV .... 15,00 $ 173

Vignoble des Négondos, Cuvée Orélie, ... Vignoble des .... 15,00 $ 93
Basses-Laurentides, Québec, Canada   Négondos

Vignoble des Négondos, Opalinois, ... Directement du .... 15,00 $ 73
Basses-Laurentides, Québec, Canada 2010   domaine

Vignoble Les Vents d'Ange Cuvée Catherine, ... Sublime .... 15,50 $ 29
Saint-Joseph-du-Lac, Québec, Canada 2010   Importations

Vignoble Rivière du Chêne, Phénix, Saint-Eustache, ... Vignoble de la .... 21,50 $ 117
Québec, Canada 2001   Rivière du Chêne

Chili

Vallée centrale

Espagne

Andalousie

Castille-et-León

Catalogne

Galice

Rioja

États-Unis

Californie

Washington

France

Alsace

Bourgogne

La Sœur Cadette, Valentin Montanet,
Bourgogne, France 2011 .... SAQ : 11460660 .... 19,60 $ 45, 113
Patrick Piuze, Petit Chablis, Bourgogne, France 2011 .... SAQ : 11463182 .... 20,30 $ 197

Languedoc-Roussillon

Cave de Roquebrun, Les Fiefs d'Aupenac,
Saint-Chinian, France 2011 .... SAQ : 10559174 .... 19,45 $ 185

Loire

Alphonse Mellot, La Moussière, Sancerre,
Vallée de la Loire, France 2011 .... SAQ : 00033480 .... 27,30 $ 105

Domaine de Bellivière, Prémices,
Eric Nicolas, Jasnières, Loire, France 2010 .... SAQ : 11463140 .... 24,50 $ 33

Domaine Vincent Carême, Vouvray, France 2010 .... SAQ : 11633612 .... 24,15 $ 53

Domaine de l'Écu, Granite, Guy Bossard,
Muscadet-Sèvre et Maine, Loire, France 2010 .... SAQ : 10282873 .... 22,25 $ 89

Domaine de Bellivière, L'Effraie,
Coteaux du Loir, France 2009 .... SAQ : 11495467 .... 27,60 $ 93

Domaine de Bellivière, Les Rosiers, Eric Nicolas,
Jasnières, France 2009 .... SAQ : 11153205 .... 27,85 $ 113

Domaine Vacheron, Sancerre, Loire, France 2011 .... SAQ : 10523892 .... 29,75 $ 117

Vincent Gaudry, Le Tournebride,
Sancerre, Loire, France 2011 .... Ward & associés .... 27,00 $ 213

Stéphane Bernaudeau, Les Nourissons,
VDT Anjou, France 2010 .... Plan vin .... 30,00 $ 53

François Cotat, Les Monts Damnés,
Sancerre, Loire, France 2011 .... Le Maître de Chai ..... 45,00 $ 77

Sud-Ouest

Domaine Tariquet, Les Premières Grives,
Vdp Sud-Ouest, France 2012 .... SAQ : 00561274 .... 18,35 $ 169

Grèce

Île d'Eubee

Domaine Papagiannakos, Savatiano,
Vdp Sterea Ellada/Centre/Île d'Eubee, Grèce 2011 .... SAQ : 11097451 .... 15,90 $ 65

Santorini

Argyros, Atlantis, IGP Cyclades, Santorini, Grèce 2012 .... SAQ : 11097477 .... 17,25 $ ... 77, 201, 209
Domaine Sigalas, Santorini, Grèce 2011 .... SAQ : 11034302 .... 22,60 $ 161

Italie

Sicile

Planeta, La Segreta, Sicile, Italie 2012 .... SAQ : 00741264 .... 17,15 $ 121

Vallée d'Aoste

Ottin, Petite Arvine, Vallée d'Aoste, Italie 2011 .... La QV .... 35,00 $ 125

Vénétie

Bressan, Verduzzo, Venezia Giulia, Italie 2007 .... Symbiose Vins et Cie .. 38,50 $ 173

Monte Tondo, Foscarin Slavinus,
Soave Superiore Classico, Vénétie, Italie 2009 .... SAQ : 11858951 .... 25,40 $ 61

La Biancara, Angiolino Maule, Pico Faldeo,
Vénétie, Italie 2009 .... Glou .... 33,50 $ 129

Quintarelli, Giuseppe Bianco Secco,
Vénétie, Italie 2010 .... SAQ : 10663801 .... 33,25 $ 149

Portugal

Alentejo
Dona Maria, Julio Bastos, Alentejo, Portugal 2010 .... SAQ : 11343631 .... 17,30 $ 101

Dao
Julia Kemper, Dão blanc, Portugal .... Alivin .... 21,00 $ 181

Douro
Niepoort, Diálogo Snow, Douro, Portugal .... Alivin .... 16,00 $ 181

Vin rouge

Afrique du Sud

Constancia
Constantia Glen, Constantia Three, ... La Fontaine - .... 30,00 $ 61
Afrique du Sud 2008   Vins & Liqueurs

Argentine

Mendoza
Achaval Ferrer, Malbec, Mendoza, Argentine 2011 .... SAQ : 11473268 .... 25,00 $ 25
Catena Malbec, Mendoza, Argentine 2012 .... SAQ : 00478727 .... 21,95 $ 11

Patagonie
Del Fin Del Mundo, Malbec Reserva,
Patagonie, Argentine 2010 .... SAQ : 11156810 .... 18,35 $ 165

Australie

Australie-Méridionale
Penfolds, St-Henri, Shiraz, Australie 2007 .... SAQ : 00510875 .... 62,75 $ 105

Canada

Colombie-Britannique
Laughing Stock, Portfolio, Vallée de l'Okanagan,
Colombie-Britannique, Canada 2009 .... SAQ : 11262911 .... 53,00 $ 149
Orofino Vineyards, Beleza, Vallée de la Similkameen,
Colombie-Britannique, Canada 2008 .... SAQ : 11593868 .... 56,25 $ 61
Osoyoos Larose, Le Grand Vin, Vallée de l'Okanagan,
Colombie-Britannique, Canada 2008 .... SAQ : 10293169 .... 44,50 $ 153, 157
Quail's Gate Estate Winery, Merlot,
Colombie-Britannique, Canada 2008 .... SAQ : 11262938 .... 26,95 $ 141

Ontario
Norman Hardie Estate, Pinot Noir,
Comté du Prince Édouard, Ontario, Canada 2009 .... SAQ : 11638499 .... 38,75 $ 161
Pearl Morissette, Cabernet Franc, Cuvée Madeline,
VQA Twenty Mile Bench, Ontario, Canada 2010 .... Vinealis .... 38,00 $ 177
Pearl Morissette, Pinot Noir, Twenty Mile Bench VQA,
Niagara, Ontario, Canada 2007 .... Vinealis .... 40,00 $ 125
Stratus Red, Péninsule du Niagara, Ontario, Canada 2010 ..... SAQ : 11574430 .... 45,50 $ 21
Stratus, Syrah, Péninsule du Niagara,
Ontario, Canada 2009 .... Rézin .... 47,50 $ 185
Tawse, Gamay noir,
Péninsule du Niagara, Ontario, Canada 2011 .... Le Pot de vin .... 22,00 $ 209

The Foreign Affair, Dream,
Péninsule du Niagara, Ontario, Canada 2008 .... SAQ : 11593833 .... 31,50 $ 185

Vineland Estates Winery, Cabernet-Merlot,
Niagara, Ontario, Canada 2008 .... SAQ : 11140383 .... 20,35 $ 137

Québec

Domaine Côtes d'Ardoise, Haute Combe, ... Domaine .... 16,00 $ 165
Dunham, Québec, Canada 2010   Côtes d'Ardoise

Domaine St-Jacques, Sélection de St-Jacques,
Saint-Jacques-le-Mineur, Québec, Canada 2011 .... SAQ : 11506306 .... 17,95 $ 9

Vignoble Carone, Venice Pinot Noir,
Lanaudière, Québec, Canada 2010 .... SAQ : 11345258 .... 36,00 $ 17

Vignoble Rivière du Chêne, Cuvée William,
Saint-Eustache, Québec, Canada 2011 .... SAQ : 00743989 .... 15,25 $ 169

Espagne

Bierzo

Godelia Selección, Bierzo, Espagne 2009 .... Passion Gourmet .... 53,00 $ 145

Calatayud

Honoro Vera, DO Calatayud, Espagne 2011 .... SAQ : 11462382 .... 16,00 $ 97

Castille-et-León

Abadia Retuerta, Selección Especial,
Castille-et-León, Espagne 2009 .... SAQ : 10856101 .... 25,95 $ 205

Catalogne

Alvaro Palacios, Gratallops, Priorat,
Catalogne, Espagne 2010 .... SAQ : 11337936 .... 53,00 $ 13

Torres, Sangre De Toro, Catalunya, Espagne 2011 .... SAQ : 00006585 .... 13,25 $ 17

Priorat

Clos Figueres, Font de la Figuera, ... SAQ Signature : .... 68,00 $ 189
Priorat, Espagne 2008   11649307

Ribera del Duero

Peña Roble Joven Roble, Bodegas Resalte de Peñafiel,
Ribera del Duero, Espagne 2011 .... Activin .... 18,95 $ 11

Rioja

Bodeguera de Valenciso, Rioja Reserva, Espagne 2006 .... Vini-Vins .... 37,55 $ 117

États-Unis

Californie

Belle Glos Wines, Meiomi Pinot Noir, Sonoma,
Californie, États-Unis 2011 .... SAQ : 10944208 .... 25,05 $ 133

Joseph Phelps, Innisfree, Cabernet sauvignon,
Californie, États-Unis 2009 .... SAQ : 11419616 .... 31,25 $ 141

Silver Oak, Cabernet Sauvignon,
Alexander Valley, États-Unis 2007 .... SAQ : 11473399 .... 80,50 $ 11

Oregon

Erath Winery, Pinot Noir, Willamette Valley,
Oregon, États-Unis 2009 .... SAQ : 11007232 .... 38,00 $ 69

France

Minervois

Domaine du Loup Blanc, La Mère Grand,
Minervois, France 2008.. SAQ : 10528221 .... 23,05 $ 69

Sud-Ouest

Château Bouscassé, Alain Brumont,
Madiran, Sud-Ouest, France 2010.................................... SAQ : 00856575 .... 19,75 $ 105

Domaine du Cros, Lo Sang del Païs,
Marcillac, Sud-Ouest, France 2012................................... SAQ : 00743377 .... 15,35 $ 73

Domaine Elian Da Ros, Le vin est une fête,
Côtes du Marmandais, France 2010.................................. SAQ : 11793211 .... 18,65 $ 81

Matthieu Cosse, Solis, Cahors, France 2005 .... Rézin........................ 32,00 $ 49

Vallée de la Loire

Clos de la Briderie, Touraine Mesland,
Vallée de la Loire, France 2011... SAQ : 00977025 .... 16,40 $ 13

Vallée du Rhône

Andrea Calek, Babiole, Vallée du Rhône, France 2011 .... Ward & associés .... 22,00 $ 213

Château Revelette, Le Grand Rouge,
Bouches-du-Rhône, France 2010..................................... SAQ : 10259745 .... 32,75 $ 209

Domaine du Coulet, Les Terrasses du Serre,
Cornas, France 2009.. SAQ : 11229556 .... 78,75 $ 213

Domaine du Vieux Télégraphe, La Crau,
Châteauneuf-du-Pape, Vallée du Rhône, France 2009 .... SAQ : 11818748 .... 75,75 $ 57

Domaine François Villard, L'appel des Sereines,
Vin de pays des Collines rhodaniennes, France 2009.......... SAQ : 11553891 .... 19,80 $ 189

J. L. Chave, Sélection Offerus, Saint-Joseph,
Vallée du Rhône, France 2010.. SAQ : 10230862 .... 29,35 $ 41

Jean-Michel Gerin, La Champine,
Vin de pays des Collines rhodaniennes, France 2011.......... SAQ : 11871240 .... 20,15 $ 173

Yves Cuilleron, L'Amarybelle, Saint-Joseph, France 2010 ..... SAQ : 11824662 .... 38,50 $ 21

Yves Cuilleron, Terres Sombres,...................................... SAQ Signature : .... 93,00 $ 33
Côte-Rôtie, France 2010   11842027

Italie

Abruzzes

Citra, Montepulciano d'Abruzzo, Abruzzes, Italie (1 L) .... SAQ : 00103861 .... 10,35 $ 205

Ombrie

Falesco Vitiano, Ombrie, Italie 2010... SAQ : 00466029 .... 16,45 $ 149

Piémont

Beni di Batasiolo, Barolo, Piémont, Italie 2008...................... SAQ : 10856777 .... 29,40 $ 57

Burlotto, Pelaverga, Verduno, Piémont, Italie 2011 .... SAQ : 11599063 .... 18,95 $ 109

Erbaluna, Barolo, Piémont, Italie 1999................................... Bacchus 1976.......... 45,00 $ 153

Fratelli Alessandria, Verduno Pelaverga « Speziale »,
Piémont, Italie 2011... SAQ : 11863021 .... 24,80 $ 45, 129

Pouilles

Taurino, Salice Salentino Riserva, Les Pouilles, Italie 2008 ..... SAQ : 00411892 .... 15,90 $ 141

Sicile

Ariana Occhipinti, SP68, Sicile, Italie 2011............................. SAQ : 11811765 .... 25,20 $ 77

Tenuta delle Terre Nere, Prephylloxera, Etna Rosso,
Sicile, Italie 2010... Le Maître de Chai...... 83,00 $ 65

Toscane

Casanova di Neri, Rosso di Montalcino,
Toscane, Italie 2010 .... SAQ : 10335226 .... 24,15 $ 29

Donatella Colombini, Cenerentola, Orcia,
Toscane, Italie 2010 .... Société Roucet .... 40,00 $ 25

Falchini, Paretaio, ... Importation privée, ... 25,00 $ 137
Toscane, Italie 2007 .... offert uniquement
au Michelangelo

Podere Sapaio, Volpolo, Bolgheri, Toscane, Italie 2010 .... SAQ : 11002941 .... 27,85 $ 85

San Felice, Chianti Classico, Toscane, Italie 2010 .... SAQ : 00245241 .... 20,70 $ 137

Trentin-Haut-Adige

Foradori Granato, Vigneti delle Dolomiti,
Trentin-Haut-Adige, Italie 2009 .... SAQ : 00898130 .... 58,25 $ 89

Vénétie

Allegrini, Amarone della Valpolicella Classico, Italie 2008..... SAQ : 00907196 .... 80,25 $ 165

Bastianich, Vespa Rosso, IGT Venezia Giulia, Italie 2009 ...... Vinealis .... 37,95 $ 205

Jermann, Blau & Blau, Rosso delle Venezie, Italie 2010 .... SAQ : 11035823 .... 32,50 $ 125

Jermann, Red Angel on the Moonlight,
Frioul Vénétie Julienne, Italie 2010 .... SAQ : 11035786 .... 28,80 $ 153

Maculan, Brentino, Vénétie, Italie 2010 .... SAQ : 10705021 .... 18,10 $ 153

Roncolato, Carnera, Amarone della Valpolicella, ... Importation privée, ... 40,00 $ 137
Vénétie, Italie 2007 .... offert uniquement
au Michelangelo

Tedeschi, Capitel dei Nicalo Appassimento,
Delle Venezie, Italie 2010 .... SAQ : 11028156 .... 16,85 $ 93

Zenato, Valpolicella Ripassa, Vénétie, Italie 2009 .... SAQ : 00974741 .... 26,05 $ 149

Portugal

Alentejo

Herdade do Esporào, Esporào Reserva,
Alentejo, Portugal 2009 .... SAQ : 10838616 .... 26,55 $ 101

Herdade dos Grous, Moon Harvested, Portugal .... Alivin .... 42,50 $ 181

Douro

Quinta do Vallado, Reserva, Douro, Portugal 2009 .... SAQ : 10540271 .... 39,50 $ 101

Vin de dessert et autres

Afrique du Sud

Western Cape

Klein Constantia, Vin de Constance,
Western Cape, Afrique du Sud .... SAQ : 10999655 .... 63,00 $ 193

Canada

Ontario

Inniskillin, Riesling, Péninsule du Niagara,
Ontario, Canada 2008 .... SAQ : 10296511 .... 72,00 $ 101

Québec

Antolino Brongo, Cryomalus
Saint-Joseph-du-lac, Québec, Canada 2009 .... SAQ : 11002626 .... 30,25 $ 77, 81, 85

Cidrerie du Minot, Du Minot Brut,
Montérégie, Québec, Canada 2010 .... SAQ : 00733386 .... 15,90 $ 13

Clos Saragnat, Avalanche,
Frelighsburg, Québec, Canada 2009 .... SAQ : 11133221 .... 27,40 $ 45, 113

Clos Saragnat, L'Original,
Frelighsburg, Québec, Canada 2003 .... Clos Saragnat .... 26,50 $ 89

Domaine & Vins Gélinas, Vin de glace Signature, ... Domaine & Vins .... 32,00 $ 33
Saint-Sévère, Québec, Canada   Gélinas

Domaine des Salamandres, Poiré de glace,
Hemmingford, Québec, Canada 2009 .... SAQ : 11440343 .... 33,25 $ 69

Domaine Leduc-Piedimonte, Cidre de glace,
Réserve privée, Rougemont, Québec, Canada 2005 .... SAQ : 11506955 .... 70,00 $ 145

Ferme Apicole Desrochers, Cuvée de la diable,
Québec, Canada .... SAQ : 10291008 .... 17,45 $ 97

La Bauge, Novembre-Vendange Tardive,
Brigham, Québec, Canada 2010 .... SAQ : 10853189 .... 17,40 $ 205

Michel Jodoin, Cidre Rosé Mousseux,
Rougemont, Québec, Canada .... SAQ : 00733394 .... 19,15 $ 185

Michel Levac, Vignoble d'Oka, Mystère glacé,
Québec, Canada 2010 .... Vignoble d'Oka .... 30,00 $ 109

Pierre Gosselin, Le Clos des Brumes, Cuvée Blé Noir,
Québec, Canada .... SAQ : 00735076 .... 29,45 $ 57

Vignoble d'Oka, Rouge Berry, Basses-Laurentides,
Québec, Canada 2010 .... Vignoble d'Oka .... 19,95 $ 65

Vignoble du Marathonien, Vidal, Havelock,
Québec, Canada 2008 .... SAQ : 11398317 .... 54,25 $ 197

France

Languedoc-Roussillon

Domaine Cazes, Muscat de Rivesaltes,
Languedoc-Roussillon, France 2008 .... SAQ : 00961805 .... 24,80 $ 157

Italie

Sicile

Duca di Salaparuta, Florio Vecchioflorio,
Marsala, Sicile, Italie 2009 .... SAQ : 00067199 .... 14,35 $ 125

Toscane

Montesecondo, Passito Del Rospo,
Toscane, Italie 2009 .... Vini-Vins .... 30,25 $ 37

Index des accords mets-vin

Brunch

Vin mousseux

Sandwiches, pâtés et oeufs

Vin mousseux

Vin rouge

Vin de dessert et autres

Entrées et amuses-gueules

Vin mousseux

Vin blanc

Canada, Ontario

Henry of Pelham, Réserve Short Hills Bench Riesling,
Péninsule du Niagara, Ontario, Canada 2010 .... SAQ : 00283291 .... 16,90 $ 11

Pearl Morissette, Chardonnay Cuvée 19ᵉ,
VQA Twenty Mile Bench, Ontario, Canada 2010 .... Vinealis .... 37,99 $ 213

France, Bourgogne

La Sœur Cadette, Valentin Montanet,
Bourgogne, France 2011 .... SAQ : 11460660 .... 19,60 $ 45

Grèce, Santorini

Domaine Sigalas, Santorini, Grèce 2011 .... SAQ : 11034302 .... 22,60 $ 161

Portugal, Douro

Niepoort, Diálogo Snow, Douro, Portugal .... Alivin .... 16,00 $ 181

Soupes, salades et plats végétariens

Vin blanc

Canada, Ontario

Domaine Southbrook, Niagara Peninsula Chardonnay,
Ontario, Canada 2010 .... Trialto .... 35,00 $ 37

Canada, Québec

Domaine Les Pervenches, Seyval-Chardonnay,
Farnham, Québec, Canada 2011 .... La QV .... 16,50 $ 129

France, Loire

Stéphane Bernaudeau, Les Nourissons,
VDT Anjou, France 2010 .... Plan vin .... 30,00 $ 53

Grèce, Île d'Eubee

Domaine Papagiannakos, Savatiano,
Vdp Sterea Ellada/Centre/Île d'Eubee, Grèce 2011 .... SAQ : 11097451 .... 15,90 $ 65

Charcuteries et abats

Vin blanc

Canada, Québec

Vignoble Les Vents d'Ange Cuvée Catherine, ... Sublime .... 15,50 $ 29
Saint-Joseph-du-Lac, Québec, Canada 2010   Importations

États-Unis, Californie

Liberty School, Chardonnay, Central Coast,
Californie, États-Unis 2011 .... SAQ : 00719443 .... 19,95 $ 133

Vin rouge

Canada, Ontario

Tawse, Gamay noir, Péninsule du Niagara,
Ontario, Canada 2011 .... Le Pot de vin .... 22,00 $ 209

Espagne, Calatayud

Honoro Vera, DO Calatayud, Espagne 2011 .... SAQ : 11462382 .... 16,00 $ 97

France, Beaujolais

Domaine du Vissoux, Les Pierreux, Brouilly,
Beaujolais, France 2010 .... SAQ : 11305660 .... 22,75 $ 121

Domaine Marcel Lapierre, Morgon,
Beaujolais, France 2008 .... Rézin .... 30,00 $ 157

Jean Foillard, Morgon, Beaujolais, France 2010 .... SAQ : 11964788 .... 25,15 $ 189

Pierre-Marie Chermette, Domaine Vissoux,
Les Griottes, Beaujolais, France 2011 .... SAQ : 11259940 .... 16,95 $ 33

France, Languedoc-Roussillon

Domaine du Loup blanc, Soif de Loup,
Pays d'Oc, France 2011 .... SAQ : 11154726 .... 16,35 $ 53

France, Sud-Ouest

Domaine Elian Da Ros, Le vin est une fête,
Côtes du Marmandais, France 2010 .... SAQ : 11793211 .... 18,65 $ 81

France, Vallée de la Loire

Clos de la Briderie, Touraine Mesland,
Vallée de la Loire, France 2011 .... SAQ : 00977025 .... 16,40 $ 13

Italie, Piémont

Fratelli Alessandria, Verduno Pelaverga « Speziale »,
Piémont, Italie 2011 .... SAQ : 11863021 .... 24,80 $ 129

Pâtes, riz et pizzas

Vin blanc

Italie, Vallée d'Aoste

Ottin, Petite Arvine, Vallée d'Aoste, Italie 2011 .... La QV .... 35,00 $ 125

Italie, Vénétie

La Biancara, Angiolino Maule, Pico Faldeo,
Vénétie, Italie 2009 .... Glou .... 33,50 $ 129

Vin rouge

Afrique du Sud, Constancia

Constantia Glen, Constantia Three, ... La Fontaine - .... 30,00 $ 61
Afrique du Sud 2008   Vins & Liqueurs

Espagne, Ribera del Duero

Peña Roble Joven Roble, Bodegas Resalte de Peñafiel,
Ribera del Duero, Espagne 2011 .... Activin .... 18,95 $ 11

France, Languedoc-Roussillon

Domaine Mas Conscience, Le Cas,
Vin de pays de l'Hérault, Pays d'Oc, France 2010 .... SAQ : 10506902 .... 22,30 $ 177

Italie, Ombrie

Falesco Vitiano, Ombrie, Italie 2010 .... SAQ : 00466029 .... 16,45 $ 149

Italie, Toscane

Falchini, Paretaio, ... Importation privée, ... 25,00 $ 137
Toscane, Italie 2007   offert uniquement
                                                               au Michelangelo

Italie, Vénétie

Jermann, Blau & Blau, Rosso delle Venezie, Italie 2010........ SAQ : 11035823 ....32,50 $................125

Jermann, Red Angel on the Moonlight,
Frioul Vénétie Julienne, Italie 2010.. SAQ : 11035786 ....28,80 $................153

Poissons, sushis et fruits de mer

Vin mousseux

Canada, Colombie-Britannique

Venturi-Schulze, Brut Naturel,.. Domaine ....32,10 $................201
Colombie-Britannique, Canada 2009   Venturi-Schulze

Espagne, Catalogne

Gramona, Imperial Gran Reserva,
Penedès, Catalogne, Espagne 2006.. SAQ : 11800222 ....32,75 $................145

Parés Baltà, Cava Brut, Catalogne, Espagne........................ SAQ : 10896365........ 15,95 $................117

France, Champagne

Bollinger, Vieilles vignes françaises,
Champagne, France 1998... LBV et spiritueux .....700,00 $................. 41

Italie, Vénétie

Zonin, Prosecco Special Cuvée Brut, Italie .... SAQ : 10540721 .... 15,15 $................157

Vin rosé

Canada, Québec

Domaine du Ridge, Champs de Florence,
Cantons de l'Est, Québec, Canada 2011 .... SAQ : 00741702........ 15,95 $................177

France, Bourgogne

Anita, Jean-Pierre et Stéphanie Colinot, Bourgogne rosé,
France 2011.. Le Maître de Chai......40,00 $................. 49

Vin blanc

Canada, Ontario

Bachelder, Chardonnay,
Péninsule du Niagara, Ontario, Canada 2010...................... SAQ : 11873721 ....29,95 $................121

Le Clos Jordanne, Chardonnay Village Réserve,
Péninsule du Niagara, Ontario, Canada 2009...................... SAQ : 11072131 ....41,50 $................133

Malivoire Wine, Chardonnay Moira, VQA Beamsville Bench, ... Authentic Wine &.....20,00 $................189
Péninsule du Niagara, Ontario, Canada 2009   Spirits Merchants

Pearl Morissette, Black Ball Riesling, VQA Twenty
Mile Bench, Niagara, Ontario, Canada 2010....................... Vinealis ....23,89 $................. 41

Thomas Bachelder, Niagara Peninsula Chardonnay,
Ontario, Canada 2010... SAQ : 11873721 ....29,95 $................177

Canada, Québec

Domaine Les Brome, Réserve St-Pépin,
Québec, Canada... SAQ : 10919723........33,00 $................. 25

Domaine Les Pervenches, Chardonnay,
Farnham, Québec, Canada.. La QV............................25,00 $..........53, 193

Vignoble des Négondos, Cuvée Orélie, ... Vignoble......................15,00 $................. 93
Basses-Laurentides, Québec, Canada   des Négondos

Vignoble des Négondos, Opalinois,.. Directement ....15,00 $................. 73
Basses-Laurentides, Québec, Canada 2010   du domaine

Domaine de Bellivière, L'Effraie,
Coteaux du Loir, France 2009 .... SAQ : 11495467 .... 27,60 $ 93

Domaine de Bellivière, Les Rosiers, Eric Nicolas,
Jasnières, France 2009 .... SAQ : 11153205 .... 27,85 $ 113

Domaine de l'Écu, Granite, Guy Bossard,
Muscadet-Sèvre et Maine, Loire, France 2010 .... SAQ : 10282873 .... 22,25 $ 89

Domaine Vacheron, Sancerre, Loire, France 2011 .... SAQ : 10523892 .... 29,75 $ 117

Domaine Vincent Carême, Vouvray, France 2010 .... SAQ : 11633612 .... 24,15 $ 53

François Cotat, Les Monts Damnés, Sancerre,
Loire, France 2011 .... Le Maître de Chai ...... 45,00 $ 77

Vincent Gaudry, Le Tournebride, Sancerre,
Loire, France 2011 .... Ward & associés .... 27,00 $ 213

Grèce, Santorini

Argyros, Atlantis, IGP Cyclades, Santorini, Grèce 2012 .... SAQ : 11097477 .... 17,25 $ ... 77, 201, 209

Italie, Vénétie

Monte Tondo, Foscarin Slavinus, Soave Superiore
Classico, Vénétie, Italie 2009 .... SAQ : 11858951 .... 25,40 $ 61

Quintarelli, Giuseppe Bianco Secco, Vénétie, Italie 2010 ..... SAQ : 10663801 .... 33,25 $ 149

Portugal, Alentejo

Dona Maria, Julio Bastos, Alentejo, Portugal 2010 .... SAQ : 11343631 .... 17,30 $ 101

Portugal, Dao

Julia Kemper, Dão blanc, Portugal .... Alivin .... 21,00 $ 181

Vin rouge

Canada, Québec

Domaine Côtes d'Ardoise, Haute Combe, ... Domaine .... 16,00 $ 165
Dunham, Québec, Canada 2010   Côtes d'Ardoise

Espagne, Rioja

Bodeguera de Valenciso, Rioja Reserva, Espagne 2006 .... Vini-Vins .... 37,55 $ 117

États-Unis, Californie

Belle Glos Wines, Meiomi Pinot Noir,
Sonoma, Californie, États-Unis 2011 .... SAQ : 10944208 .... 25,05 $ 133

France, Bordeaux

Château Maucaillou, Moulis, Bordeaux, France 2009 .... SAQ : 11350137 .... 35,25 $ 17

France, Bourgogne

Bouchard Père & Fils, Mâcon, Bourgogne, France 2011 .... SAQ : 00041350 .... 15,85 $ 17

Domaine Alain Burguet, Les Pince Vin,
Bourgogne, France 2006 .... Plan Vin .... 39,66 $ 197

France, Côtes Catalanes

Domaine Léonine, Carbone 14,
Vin de pays des Côtes catalanes, France 2011 .... Vin Libre .... 29,11 $ 173

France, Vallée du Rhône

Jean-Michel Gerin, La Champine,
Vin de pays des Collines rhodaniennes, France 2011 .... SAQ : 11871240 .... 20,15 $ 173

Portugal, Alentejo

Herdade do Esporào, Esporào Reserva,
Alentejo, Portugal 2009 .... SAQ : 10838616 .... 26,55 $ 101

Viande blanche

Vin mousseux

France, Champagne

Jérôme Prévost, La Closerie Les Béguines,
Champagne Extra Brut, France .... Vini-Vins .... 85,00 $ 93

Vin blanc

Allemagne, Moselle

Weingut Clemens Busch, Riesling Marienburg
Grosses Gewächs, Moselle, Allemagne 2010 .... Ward & associés .... 45,00 $ 113

Canada, Ontario

Clos Jordanne, Le Grand Clos Chardonnay,
Péninsule du Niagara, Ontario, Canada 2006 .... SAQ : 10697403 .... 66,00 $ 181

Canada, Québec

Domaine Les Pervenches, Chardonnay,
Farnham, Québec, Canada 2011 .... La QV .... 25,00 $ 49

Rosehall Run, Chardonnay,
Comté du Prince-Édouard, Ontario, Canada 2009 .... SAQ : 11889651 .... 20,20 $ 97

Italie, Sicile

Planeta, La Segreta, Sicile, Italie 2012 .... SAQ : 00741264 .... 17,15 $ 121

Vin rouge

Canada, Ontario

Vineland Estates Winery, Cabernet-Merlot,
Niagara, Ontario, Canada 2008 .... SAQ : 11140383 .... 20,35 $ 137

France, Bordeaux

Château Rigaud Pierre Taix, La Mauriane,
Puisseguin Saint-Émilion, France 2009 .... Maître de Chai .... 34,40 $ 85

France, Bourgogne

Joseph Roty, Marsannay Les Ouzeloy,
Bourgogne, France 2009 .... Le Maître de Chai ..... 46,00 $ 161

Julien Guillot, Clos des Vignes du Maynes,
Mâcon-Cruzille, Bourgogne, France 2011 .... Mon Caviste .... 44,53 $ 73

France, Corse

Domaine Comte Abbatucci, cuvée Faustine rouge,
Ajaccio, Corse, France 2010 .... SAQ : 11930060 .... 28,85 $ 29

France, Languedoc-Roussillon

Domaine Olivier Pithon, Cuvée Laïs,
Côtes du Roussillon Villages, France 2010 .... Plan Vin .... 27,12 $ 65

France, Sud-Ouest

Domaine du Cros, Lo Sang del Païs,
Marcillac, Sud-Ouest, France 2012 .... SAQ : 00743377 .... 15,35 $ 73

Italie, Piémont

Burlotto, Pelaverga, Verduno, Piémont, Italie 2011 .... SAQ : 11599063 .... 18,95 $ 109

Fratelli Alessandria, Verduno Pelaverga Speziale,
Piémont, Italie 2011 .... SAQ : 11863021 .... 24,80 $ 45

Italie, Sicile

Ariana Occhipinti, SP68, Sicile, Italie 2011 .... SAQ : 11811765 .... 25,20 $ 77

Tenuta delle Terre Nere, Prephylloxera,
Etna Rosso, Sicile, Italie 2010 .... Le Maître de Chai ..... 83,00 $ 65

Italie, Toscane

San Felice, Chianti Classico, Toscane, Italie 2010 .... SAQ : 00245241 .... 20,70 $ 137

Italie, Vénétie

Allegrini, Amarone della Valpolicella Classico, Italie 2008 .... SAQ : 00907196 .... 80,25 $ 165

Bastianich, Vespa Rosso, IGT Venezia Giulia, Italie 2009 ...... Vinealis .... 37,95 $ 205

Maculan, Brentino, Vénétie, Italie 2010 .... SAQ : 10705021 .... 18,10 $ 153

Viande rouge

Vin blanc

Canada, Québec

Domaine Les Pervenches, Solinou Seyval-Chardonnay,
Farnham, Québec, Canada 2010 .... La QV .... 15,00 $ 173

Domaine & Vins Gélinas, Cavalier du Versant, ... Domaine & .... 15,00 $ 105
Saint-Sévère, Québec, Canada 2011 .... Vins Gélinas

Italie, Vénétie

Bressan, Verduzzo, Venezia Giulia, Italie 2007 .... Symbiose Vins et Cie .. 38,50 $ 173

Vin rouge

Argentine, Mendoza

Achaval Ferrer, Malbec, Mendoza, Argentine 2011 .... SAQ : 11473268 .... 25,00 $ 25

Catena Malbec, Mendoza, Argentine 2012 .... SAQ : 00478727 .... 21,95 $ 11

Argentine, Patagonie

Del Fin Del Mundo, Malbec Reserva,
Patagonie, Argentine 2010 .... SAQ : 11156810 .... 18,35 $ 165

Australie, Australie-Méridionale

Penfolds, St-Henri, Shiraz, Australie 2007 .... SAQ : 00510875 .... 62,75 $ 105

Canada, Colombie-Britannique

Laughing Stock, Portfolio, Vallée de l'Okanagan,
Colombie-Britannique, Canada 2009 .... SAQ : 11262911 .... 53,00 $ 149

Orofino Vineyards, Beleza, Vallée de la Similkameen,
Colombie-Britannique, Canada 2008 .... SAQ : 11593868 .... 56,25 $ 61

Osoyoos Larose, Le Grand Vin, Vallée de l'Okanagan,
Colombie-Britannique, Canada 2008 .... SAQ : 10293169 .... 44,50 $ 153, 157

Quail's Gate Estate Winery, Merlot,
Colombie-Britannique, Canada 2008 .... SAQ : 11262938 .... 26,95 $ 141

Canada, Ontario

Norman Hardie Estate, Pinot Noir,
Comté du Prince Édouard, Ontario, Canada 2009 .... SAQ : 11638499 .... 38,75 $ 161

Pearl Morissette, Cabernet Franc, Cuvée Madeline,
VQA Twenty Mile Bench, Ontario, Canada 2010 .... Vinealis .... 38,00 $ 177

Pearl Morissette, Pinot Noir, Twenty Mile Bench VQA,
Niagara, Ontario, Canada 2007 .... Vinealis .... 40,00 $ 125

Stratus Red, Péninsule du Niagara, Ontario, Canada 2010 ..... SAQ : 11574430 .... 45,50 $ 21

France, Languedoc-Roussillon

Domaine de la Grange des Pères,
Vin de pays de l'Hérault, France 2007 .... La Céleste Levure ...... 87,00 $ 133

M. Chapoutier, Bila-Haut Occultum Lapidem,
Côtes du Rousillon Villages, France 2009 .... SAQ : 10895186 .... 24,25 $ 193

France, Minervois

Domaine du Loup Blanc, La Mère Grand,
Minervois, France 2008 .... SAQ : 10528221 .... 23,05 $ 69

France, Sud-Ouest

Château Bouscassé, Alain Brumont,
Madiran, Sud-Ouest, France 2010 .... SAQ : 00856575 .... 19,75 $ 105

Matthieu Cosse, Solis, Cahors, France 2005 .... Rézin .... 32,00 $ 49

France, Vallée du Rhône

Andrea Calek, Babiole, Vallée du Rhône, France 2011 .... Ward & associés .... 22,00 $ 213

Château Revelette, Le Grand Rouge,
Bouches-du-Rhône, France 2010 .... SAQ : 10259745 .... 32,75 $ 209

Domaine du Coulet, Les Terrasses du Serre,
Cornas, France 2009 .... SAQ : 11229556 .... 78,75 $ 213

Domaine du Vieux Télégraphe, La Crau,
Châteauneuf-du-Pape, Vallée du Rhône, France 2009 ...... SAQ : 11818748 .... 75,75 $ 57

Domaine François Villard, L'appel des Sereines,
Vin de pays des Collines rhodaniennes, France 2009 .... SAQ : 11553891 .... 19,80 $ 189

J. L. Chave, Sélection Offerus,
Saint-Joseph, Vallée du Rhône, France 2010 .... SAQ : 10230862 .... 29,35 $ 41

Yves Cuilleron, L'Amarybelle, Saint-Joseph, France 2010 ..... SAQ : 11824662 .... 38,50 $ 21

Yves Cuilleron, Terres Sombres, ... SAQ Signature : .... 93,00 $ 33
Côte-Rôtie, France 2010 11842027

Italie, Abruzzes

Citra, Montepulciano d'Abruzzo, Abruzzes, Italie (1 L) .... SAQ : 00103861 .... 10,35 $ 205

Italie, Piémont

Beni di Batasiolo, Barolo, Piémont, Italie 2008 .... SAQ : 10856777 .... 29,40 $ 57

Erbaluna, Barolo, Piémont, Italie 1999 .... Bacchus 1976 .... 45,00 $ 153

Italie, Pouilles

Taurino, Salice Salentino Riserva, Les Pouilles, Italie 2008 ..... SAQ : 00411892 .... 15,90 $ 141

Italie, Toscane

Casanova di Neri, Rosso di Montalcino,
Toscane, Italie 2010 .... SAQ : 10335226 .... 24,15 $ 29

Donatella Colombini, Cenerentola,
Orcia, Toscane, Italie 2010 .... Société Roucet .... 40,00 $ 25

Podere Sapaio, Volpolo, Bolgheri, Toscane, Italie 2010 .... SAQ : 11002941 .... 27,85 $ 85

Italie, Trentin-Haut-Adige

Foradori Granato, Vigneti delle Dolomiti,
Trentin-Haut-Adige, Italie 2009 .... SAQ : 00898130 .... 58,25 $ 89

Italie, Vénétie

Roncolato, Carnera, Amarone della Valpolicella, ... Importation privée, ... 40,00 $ 137
Vénétie, Italie 2007 .... offert uniquement
au Michelangelo

Tedeschi, Capitel dei Nicalo Appassimento,
Delle Venezie, Italie 2010 .... SAQ : 11028156 .... 16,85 $ 93

Zenato, Valpolicella Ripassa, Vénétie, Italie 2009 .... SAQ : 00974741 .... 26,05 $ 149

Portugal, Alentejo
Herdade dos Grous, Moon Harvested, Portugal .... Alivin .... 42,50 $ 181

Portugal, Douro
Quinta do Vallado, Reserva, Douro, Portugal 2009 .... SAQ : 10540271 .... 39,50 $ 101

Desserts

Vin mousseux

France, Champagne
Paul Goerg, Blanc de Blancs, Champagne, France .... SAQ : 11766597 .... 47,75 $ 169

Vin blanc

France, Loire
Domaine de Bellivière, Prémices, Eric Nicolas,
Jasnières, Loire, France 2010 .... SAQ : 11463140 .... 24,50 $ 33

Vin de dessert et autres

Afrique du Sud, Western Cape
Klein Constantia, Vin de Constance,
Western Cape, Afrique du Sud .... SAQ : 10999655 .... 63,00 $ 193

Canada, Québec
Antolino Brongo, Cryomalus, Saint-Joseph-du-lac,
Québec, Canada .... SAQ : 11002626 .... 30,25 $ 77, 85
Cidrerie du Minot, Du Minot Brut,
Montérégie, Québec, Canada 2010 .... SAQ : 00733386 .... 15,90 $ 13
Clos Saragnat, Avalanche,
Frelighsburg, Québec, Canada 2009 .... SAQ : 11133221 .... 27,40 $ 45, 113
Domaine des Salamandres, Poiré de glace,
Hemmingford, Québec, Canada 2009 .... SAQ : 11440343 .... 33,25 $ 69
Ferme Apicole Desrochers, Cuvée de la diable,
Québec, Canada .... SAQ : 10291008 .... 17,45 $ 97
Inniskillin, Riesling, Péninsule du Niagara,
Ontario, Canada 2008 .... SAQ : 10296511 .... 72,00 $ 101
Michel Jodoin, Cidre Rosé Mousseux, Rougemont,
Québec, Canada .... SAQ : 00733394 .... 19,15 $ 185
Michel Levac, Vignoble d'Oka, Mystère glacé,
Québec, Canada 2010 .... Vignoble d'Oka .... 30,00 $ 109
Pierre Gosselin, Le Clos des Brumes, Cuvée Blé Noir,
Québec, Canada .... SAQ : 00735076 .... 29,45 $ 57
Vignoble d'Oka, Rouge Berry,
Basses-Laurentides, Québec, Canada 2010 .... Vignoble d'Oka .... 19,95 $ 65
Vignoble du Marathonien, Vidal, Havelock,
Québec, Canada 2008 .... SAQ : 11398317 .... 54,25 $ 197

Italie, Sicile
Duca di Salaparuta, Florio Vecchioflorio,
Marsala, Sicile, Italie 2009 .... SAQ : 00067199 .... 14,35 $ 125

Italie, Toscane
Montesecondo, Passito Del Rospo, Toscane, Italie 2009 .... Vini-Vins .... 30,25 $ 37

Fromages

Vin blanc

Canada, Québec

Vignoble Rivière du Chêne, Phénix, ... Vignoble de la .... 21,50 $ 117
Saint-Eustache, Québec, Canada 2001   Rivière du Chêne

France, Sud-Ouest

Domaine Tariquet, Les Premières Grives,
Vdp Sud-Ouest, France 2012 .... SAQ : 00561274 .... 18,35 $ 169

Vin rouge

Canada, Québec

Domaine St-Jacques, Sélection de St-Jacques,
Saint-Jacques-le-Mineur, Québec, Canada 2011 .... SAQ : 11506306 .... 17,95 $ 9

Vin de dessert et autres

Canada, Québec

Antolino Brongo, Cryomalus, Basses-Laurentides,
Saint-Joseph-du-lac, Québec, Canada 2009 .... SAQ : 11002626 .... 30,25 $ 81

Clos Saragnat, L'Original, Frelighsburg,
Québec, Canada 2003 .... Clos Saragnat .... 26,50 $ 89

Domaine Leduc-Piedimonte, Cidre de glace,
Réserve privée, Rougemont, Québec, Canada 2005 .... SAQ : 11506955 .... 70,00 $ 145

La Bauge, Novembre-Vendange Tardive,
Brigham, Québec, Canada 2010 .... SAQ : 10853189 .... 17,40 $ 205

Index par catégorie

$ (vins courants)

Vin mousseux

Vin rosé

Vin blanc

France, Bourgogne

Domaine de la Cadette, Jean Montanet,
La Châtelaine, Bourgogne Vézelay, France 2011 .... SAQ : 11094621 .... 22,50 $ 41

Domaine Henri Naudin-Ferrand,
Bourgogne Aligoté, France 2011 .... SAQ : 11589703 .... 17,20 $ 29, 69

La Sœur Cadette, Valentin Montanet,
Bourgogne, France 2011 .... SAQ : 11460660 .... 19,60 $ 45, 113

Patrick Piuze, Petit Chablis, Bourgogne, France 2011 .... SAQ : 11463182 .... 20,30 $ 197

France, Languedoc-Roussillon

Cave de Roquebrun, Les Fiefs d'Aupenac,
Saint-Chinian, France 2011 .... SAQ : 10559174 .... 19,45 $ 185

France, Loire

Alphonse Mellot, La Moussière,
Sancerre, Vallée de la Loire, France 2011 .... SAQ : 00033480 .... 27,30 $ 105

France, Sud-Ouest

Domaine Tariquet, Les Premières Grives,
Vdp Sud-Ouest, France 2012 .... SAQ : 00561274 .... 18,35 $ 169

Grèce, Île d'Eubee

Domaine Papagiannakos, Savatiano,
Vdp Sterea Ellada/Centre/Île d'Eubee, Grèce 2011 .... SAQ : 11097451 .... 15,90 $ 65

Grèce, Santorini

Argyros, Atlantis, IGP Cyclades, Santorini, Grèce 2012 .... SAQ : 11097477 .... 17,25 $ ... 77, 201, 209

Italie, Sicile

Planeta, La Segreta, Sicile, Italie 2012 .... SAQ : 00741264 .... 17,15 $ 121

Portugal, Alentejo

Dona Maria, Julio Bastos, Alentejo, Portugal 2010 .... SAQ : 11343631 .... 17,30 $ 101

Portugal, Douro

Niepoort, Diálogo Snow, Douro, Portugal .... Alivin .... 16,00 $ 181

Vin rouge

Espagne, Calatayud

Honoro Vera, DO Calatayud, Espagne 2011 .... SAQ : 11462382 .... 16,00 $ 97

Espagne, Catalogne

Torres, Sangre De Toro, Catalunya, Espagne 2011 .... SAQ : 00006585 .... 13,25 $ 17

Espagne, Ribera del Duero

Peña Roble Joven Roble, Bodegas Resalte de Peñafiel,
Ribera del Duero, Espagne 2011 .... Activin .... 18,95 $ 11

France, Beaujolais

Domaine Marcel Lapierre, Raisins Gaulois,
Morgon, Beaujolais, France, 2012 .... SAQ : 11459976 .... 18,65 $ 89

Pierre-Marie Chermette, Domaine Vissoux,
Les Griottes, Beaujolais, France 2011 .... SAQ : 11259940 .... 16,95 $ 33

France, Bordeaux

Château Les Ricards, Côtes de Blaye,
Bordeaux, France 2009 .... SAQ : 10389267 .... 18,75 $ 161

France, Languedoc-Roussillon

Domaine du Loup blanc, Soif de Loup,
Pays d'Oc, France 2011 .... SAQ : 11154726 .... 16,35 $ 53

Vin de dessert et autres

$$ (vins de spécialité)

Vin mousseux

Vin blanc

France, Bourgogne

Domaine de la Bongran, Viré-Clessé,
Bourgogne, France 2005 .... SAQ : 11661365 .... 31,50 $ 109

Domaine Simon Bize & Fils, Les Champlains,
Bourgogne, France 2009 .... SAQ : 11815643 .... 29,50 $ 197

France, Loire

Domaine de Bellivière, L'Effraie,
Coteaux du Loir, France 2009 .... SAQ : 11495467 .... 27,60 $ 93

Domaine de Bellivière, Les Rosiers, Eric Nicolas,
Jasnières, France 2009 .... SAQ : 11153205 .... 27,85 $ 113

Domaine de Bellivière, Prémices, Eric Nicolas,
Jasnières, Loire, France 2010 .... SAQ : 11463140 .... 24,50 $ 33

Domaine de l'Écu, Granite, Guy Bossard,
Muscadet-Sèvre et Maine, Loire, France 2010 .... SAQ : 10282873 .... 22,25 $ 89

Domaine Vacheron, Sancerre, Loire, France 2011 ...... SAQ : 10523892 .... 29,75 $ 117

Domaine Vincent Carême, Vouvray, France 2010 .... SAQ : 11633612 .... 24,15 $ 53

Vincent Gaudry, Le Tournebride, Sancerre,
Loire, France 2011 .... Ward & associés .... 27,00 $ 213

Grèce, Santorini

Domaine Sigalas,
Santorini, Grèce 2011 .... SAQ : 11034302 .... 22,60 $ 161

Italie, Vénétie

Monte Tondo, Foscarin Slavinus,
Soave Superiore Classico, Vénétie, Italie 2009 .... SAQ : 11858951 .... 25,40 $ 61

Portugal, Dao

Julia Kemper, Dão blanc,
Portugal .... Alivin .... 21,00 $ 181

Vin rouge

Argentine, Mendoza

Achaval Ferrer, Malbec, Mendoza, Argentine 2011 .... SAQ : 11473268 .... 25,00 $ 25

Catena Malbec, Mendoza, Argentine 2012 .... SAQ : 00478727 .... 21,95 $ 11

Argentine, Patagonie

Del Fin Del Mundo, Malbec Reserva,
Patagonie, Argentine 2010 .... SAQ : 11156810 .... 18,35 $ 165

Canada, Ontario

The Foreign Affair, Dream, Péninsule du Niagara,
Ontario, Canada 2008 .... SAQ : 11593833 .... 31,50 $ 185

Espagne, Castille-et-León

Abadia Retuerta, Selección Especial,
Castille-et-León, Espagne 2009 .... SAQ : 10856101 .... 25,95 $ 205

États-Unis, Californie

Belle Glos Wines, Meiomi Pinot Noir,
Sonoma, Californie, États-Unis 2012 .... SAQ : 10944208 .... 25,05 $ 133

Joseph Phelps, Innisfree, Cabernet sauvignon,
Californie, États-Unis 2009 .... SAQ : 11419616 .... 31,25 $ 141

France, Beaujolais

Domaine du Vissoux, Les Pierreux,
Brouilly, Beaujolais, France 2010 .... SAQ : 11305660 .... 22,75 $ 121

Jean Foillard, Morgon, Beaujolais, France 2010 .... SAQ : 11964788 .... 25,15 $ 189

Yvon Métras, Beaujolais, France 2011 .... Rézin .... 39,00 $ 49

France, Bordeaux

Château du Puy, Bordeaux Côtes de Francs, France 2007 ..... SAQ : 00709469 .... 26,75 $ 169

France, Bourgogne

Bouchard Père & Fils, Mâcon, Bourgogne, France 2011 .... SAQ : 00041350 .... 15,85 $ 17

Julien Guillot, Clos des Vignes du Maynes,
Mâcon-Cruzille, Bourgogne, France 2011 .... Mon Caviste .... 44,53 $ 73

France, Côtes Catalanes

Domaine Léonine, Carbone 14,
Vin de pays des Côtes catalanes, France 2011 .... Vin Libre .... 29,11 $ 173

Domaine Olivier Pithon, Mon P'tit Pithon,
Vin de pays des Côtes catalanes, France 2011 .... Planvin .... 23,03 $ 37

France, Languedoc-Roussillon

Domaine Mas Conscience, Le Cas,
Vin de pays de l'Hérault, Pays d'Oc, France 2010 .... SAQ : 10506902 .... 22,30 $ 177

Domaine Olivier Pithon, Cuvée Laïs,
Côtes du Roussillon Villages, France 2010 .... Plan Vin .... 27,12 $ 65

M. Chapoutier, Bila-Haut Occultum Lapidem,
Côtes du Rousillon Villages, France 2009 .... SAQ : 10895186 .... 24,25 $ 193

France, Minervois

Domaine du Loup Blanc, La Mère Grand,
Minervois, France 2008 .... SAQ : 10528221 .... 23,05 $ 69

France, Vallée de la Loire

Clos de la Briderie, Touraine Mesland,
Vallée de la Loire, France 2011 .... SAQ : 00977025 .... 16,40 $ 13

France, Vallée du Rhône

Château Revelette, Le Grand Rouge,
Bouches-du-Rhône, France 2010 .... SAQ : 10259745 .... 32,75 $ 209

Domaine du Coulet, Les Terrasses du Serre,
Cornas, France 2009 .... SAQ : 11229556 .... 78,75 $ 213

J. L. Chave, Sélection Offerus, Saint-Joseph,
Vallée du Rhône, France 2010 .... SAQ : 10230862 .... 29,35 $ 41

Yves Cuilleron, L'Amarybelle, Saint-Joseph, France 2010 ..... SAQ : 11824662 .... 38,50 $ 21

Italie, Piémont

Beni di Batasiolo, Barolo, Piémont, Italie 2008 .... SAQ : 10856777 .... 29,40 $ 57

Fratelli Alessandria, Verduno Pelaverga Speziale,
Piémont, Italie 2011 .... SAQ : 11863021 .... 24,80 $ 45, 129

Italie, Sicile

Ariana Occhipinti, SP68, Sicile, Italie 2011 .... SAQ : 11811765 .... 25,20 $ 77

Italie, Toscane

Casanova di Neri, Rosso di Montalcino,
Toscane, Italie 2010 .... SAQ : 10335226 .... 24,15 $ 29

Falchini, Paretaio, Toscane, Italie 2007 .... Importation privée, ... 25,00 $ 137
offert uniquement
au Michelangelo

Italie, Vénétie

Jermann, Blau & Blau, Rosso delle Venezie, Italie 2010 .... SAQ : 11035823 .... 32,50 $ 125

Jermann, Red Angel on the Moonlight,
Frioul Vénétie Julienne, Italie 2010 .... SAQ : 11035786 .... 28,80 $ 153

Zenato, Valpolicella Ripassa, Vénétie, Italie 2009 .... SAQ : 00974741 .... 26,05 $ 149

Portugal, Alentejo

Herdade do Esporào, Esporào Reserva,
Alentejo, Portugal 2009 .... SAQ : 10838616 .... 26,55 $ 101

Vin de dessert et autres

Canada, Québec

Ferme Apicole Desrochers, Cuvée de la diable,
Québec, Canada .... SAQ : 10291008 .... 17,45 $ 97

France, Languedoc-Roussillon

Domaine Cazes, Muscat de Rivesaltes,
Languedoc-Roussillon, France 2008 .... SAQ : 00961805 .... 24,80 $ 157

$$$ (vins de prestige)

Vin mousseux

France, Champagne

Bollinger, Vieilles vignes françaises,
Champagne, France 1998 .... LBV et spiritueux .... 700,00 $ 41

Bourdaire-Gallois, Champagne brut, Champagne, France ..... Le Pot de Vin .... 46,00 $ 209

Fleury Père et Fils, Fleur de l'Europe Brut,
Champagne, France .... La QV .... 70,00 $ 45

Hervé Leclère, Reflet de Sélection,
Champagne Premier Cru Écueil, France .... Importation AMG ..... 43,00 $ 109

Jérôme Prévost, La Closerie Les Béguines,
Champagne Extra Brut, France .... Vini-Vins .... 85,00 $ 93

Paul Goerg, Blanc de Blancs, Champagne, France .... SAQ : 11766597 .... 47,75 $ 169

Vin rosé

France, Bourgogne

Anita, Jean-Pierre et Stéphanie Colinot,
Bourgogne rosé, France 2011 .... Le Maître de Chai ..... 40,00 $ 49

Vin blanc

Allemagne, Moselle

Weingut Clemens Busch, Riesling Marienburg
Grosses Gewächs, Moselle, Allemagne 2010 .... Ward & associés .... 45,00 $ 113

France, Bourgogne

Domaine Rémi Jobard, Meursault Premier Cru .... SAQ Signature : .... 82,50 $ 97
Les Genevrières, Bourgogne, France 2010   11235307

Domaine Solange Tribut, Chablis Village blanc,
Bourgogne, France 2011 .... Œnopole .... 30,00 $ 201

François Mikulski, Meursault, Côte de Beaune,
Bourgogne, France 2011 .... SAQ : 11436070 .... 53,00 $ 121

France, Loire

François Cotat, Les Monts Damnés, Sancerre,
Loire, France 2011 .... Le Maître de Chai ..... 45,00 $ 77

Stéphane Bernaudeau, Les Nourissons,
VDT Anjou, France 2010 .... Plan vin .... 30,00 $ 53

Italie, Vallée d'Aoste

Ottin, Petite Arvine, Vallée d'Aoste, Italie 2011 .... La QV .... 35,00 $ 125

Italie, Vénétie

Bressan, Verduzzo, Venezia Giulia, Italie 2007 .... Symbiose Vins et Cie .. 38,50 $ 173

La Biancara, Angiolino Maule, Pico Faldeo,
 Vénétie, Italie 2009 .... Glou .... 33,50 $ 129

Quintarelli, Giuseppe Bianco Secco, Vénétie, Italie 2010 ..... SAQ : 10663801 .... 33,25 $ 149

Vin rouge

Afrique du Sud, Constancia

Constantia Glen, Constantia Three, ... La Fontaine - .... 30,00 $ 61
 Afrique du Sud 2008   Vins & Liqueurs

Australie, Australie-Méridionale

Penfolds, St-Henri, Shiraz, Australie 2007 .... SAQ : 00510875 .... 62,75 $ 105

Canada, Ontario

Pearl Morissette, Cabernet Franc, Cuvée Madeline,
 VQA Twenty Mile Bench, Ontario, Canada 2010 .... Vinealis .... 38,00 $ 177

Stratus, Syrah, Péninsule du Niagara,
 Ontario, Canada 2009 .... Rézin .... 47,50 $ 185

Espagne, Bierzo

Godelia Selección, Bierzo, Espagne 2009 .... Passion Gourmet .... 53,00 $ 145

Espagne, Catalogne

Alvaro Palacios, Gratallops, Priorat,
 Catalogne, Espagne 2010 .... SAQ : 11337936 .... 53,00 $ 13

Espagne, Priorat

Clos Figueres, Font de la Figuera, ... SAQ Signature : .... 68,00 $ 189
 Priorat, Espagne 2008   11649307

Espagne, Rioja

Bodeguera de Valenciso, Rioja Reserva, Espagne 2006 .... Vini-Vins .... 37,55 $ 117

États-Unis, Californie

Silver Oak, Cabernet Sauvignon,
 Alexander Valley, États-Unis 2007 .... SAQ : 11473399 .... 80,50 $ 11

États-Unis, Oregon

Erath Winery, Pinot Noir, Willamette Valley,
 Oregon, États-Unis 2009 .... SAQ : 11007232 .... 38,00 $ 69

France, Beaujolais

Domaine Marcel Lapierre, Morgon,
 Beaujolais, France 2008 .... Rézin .... 30,00 $ 157

Jean Foillard, Morgon, Beaujolais, France 2010 .... SAQ : 11964788 .... 25,15 $ 81

France, Bordeaux

Château Maucaillou, Moulis, Bordeaux, France 2009 .... SAQ : 11350137 .... 35,25 $ 17

Château Rigaud Pierre Taix, La Mauriane,
 Puisseguin Saint-Émilion, France 2009 .... Maître de Chai .... 34,40 $ 85

Château Coucy, Montagne Saint-Émilion,
 Bordeaux, France 2005 .... Trialto .... 35,00 $ 141

France, Bourgogne

Domaine Alain Burguet, Les Pince Vin,
 Bourgogne, France 2006 .... Plan Vin .... 39,66 $ 197

Domaine Denis Mortet, Vieilles Vignes,
 Gevrey-Chambertin, Bourgogne, France 2010 .... SAQ : 11785376 .... 93,75 $ 21

Domaine Dujac, Morey-Saint-Denis,
 Bourgogne, France 2010 .... SAQ : 11659556 .... 66,50 $ 73

Joseph Roty, Marsannay Les Ouzeloy,
Bourgogne, France 2009 .... Le Maître de Chai ..... 46,00 $ 161

France, Corse
Domaine Comte Abbatucci, cuvée Faustine rouge,
Ajaccio, Corse, France 2010 .... SAQ : 11930060 .... 28,85 $ 29

France, Languedoc-Roussillon
Domaine de la Grange des Pères,
Vin de pays de l'Hérault, France 2007 .... La Céleste Levure ...... 87,00 $ 133

France, Vallée du Rhône
Domaine du Vieux Télégraphe, La Crau,
Châteauneuf-du-Pape, Vallée du Rhône, France 2009 ...... SAQ : 11818748 .... 75,75 $ 57
Yves Cuilleron, Terres Sombres, ... SAQ Signature : .... 93,00 $ 33
Côte-Rôtie, France 2010   11842027

Italie, Piémont
Erbaluna, Barolo, Piémont, Italie 1999 .... Bacchus 1976 .... 45,00 $ 153

Italie, Sicile
Tenuta delle Terre Nere, Prephylloxera,
Etna Rosso, Sicile, Italie 2010 .... Le Maître de Chai ..... 83,00 $ 65

Italie, Toscane
Donatella Colombini, Cenerentola, Orcia,
Toscane, Italie 2010 .... Société Roucet ...... 40,00 $ 25
Podere Sapaio, Volpolo, Bolgheri, Toscane, Italie 2010 .... SAQ : 11002941 .... 27,85 $ 85

Italie, Trentin-Haut-Adige
Foradori Granato, Vigneti delle Dolomiti,
Trentin-Haut-Adige, Italie 2009 .... SAQ : 00898130 .... 58,25 $ 89

Italie, Vénétie
Allegrini, Amarone della Valpolicella Classico, Italie 2008 .... SAQ : 00907196 .... 80,25 $ 165
Bastianich, Vespa Rosso, IGT Venezia Giulia, Italie 2009 ...... Vinealis .... 37,95 $ 205
Roncolato, Carnera, Amarone della Valpolicella, ... Importation privée, ... 40,00 $ 137
Vénétie, Italie 2007   offert uniquement
                                                             au Michelangelo

Portugal, Alentejo
Herdade dos Grous, Moon Harvested, Portugal .... Alivin .... 42,50 $ 181

Portugal, Douro
Quinta do Vallado, Reserva, Douro, Portugal 2009 .... SAQ : 10540271 .... 39,50 $ 101

Vin de dessert et autres
Afrique du Sud, Western Cape
Klein Constantia, Vin de Constance,
Western Cape, Afrique du Sud .... SAQ : 10999655 .... 63,00 $ 193

Italie, Toscane
Montesecondo, Passito Del Rospo, Toscane, Italie 2009 .... Vini-Vins .... 30,25 $ 37

Cuvée d'ici (vins et spiritueux produits au Canada)
Vin mousseux
Canada, Colombie-Britannique
Venturi-Schulze, Brut Naturel, ... Domaine .... 32,10 $ 201
Colombie-Britannique, Canada 2009   Venturi-Schulze

Vin blanc

Canada, Ontario

Bachelder, Chardonnay,
Péninsule du Niagara, Ontario, Canada 2010 .... SAQ : 11873721 .... 29,95 $ 121

Clos Jordanne, Le Grand Clos Chardonnay,
Péninsule du Niagara, Ontario, Canada 2006 .... SAQ : 10697403 .... 66,00 $ 181

Domaine Southbrook,
Niagara Peninsula Chardonnay, Ontario, Canada 2010 ...... Trialto .... 35,00 $ 37

Henry of Pelham, Réserve Short Hills Bench Riesling,
Péninsule du Niagara, Ontario, Canada 2010 .... SAQ : 00283291 .... 16,90 $ 11

Le Clos Jordanne, Chardonnay Village Réserve,
Péninsule du Niagara, Ontario, Canada 2009 .... SAQ : 11072131 .... 41,50 $ 133

Malivoire Wine, Chardonnay Moira, VQA Beamsville Bench, ... Authentic Wine & ..... 20,00 $ 189
Péninsule du Niagara, Ontario, Canada 2009   Spirits Merchants

Pearl Morissette, Black Ball Riesling,
VQA Twenty Mile Bench, Niagara, Ontario, Canada 2010 .. Vinealis .... 23,89 $ 41

Pearl Morissette, Chardonnay Cuvée 19e,
VQA Twenty Mile Bench, Ontario, Canada 2010 .... Vinealis .... 37,99 $ 213

Rosehall Run, Chardonnay,
Comté du Prince-Édouard, Ontario, Canada 2009 .... SAQ : 11889651 .... 20,20 $ 97

Thomas Bachelder, Niagara Peninsula Chardonnay,
Ontario, Canada 2010 .... SAQ : 11873721 .... 29,95 $ 177

Canada, Québec

Domaine & Vins Gélinas, Cavalier du Versant, ... Domaine & .... 15,00 $ 105
Saint-Sévère, Québec, Canada 2011   Vins Gélinas

Domaine Les Brome, Réserve St-Pépin,
Québec, Canada .... SAQ : 10919723 .... 33,00 $ 25

Domaine Les Pervenches, Chardonnay,
Farnham, Québec, Canada .... La QV .... 25,00 $ 49, 53, 193

Domaine Les Pervenches, Seyval-Chardonnay,
Farnham, Québec, Canada 2011 .... La QV .... 16,50 $ 129

Domaine Les Pervenches, Solinou Seyval-Chardonnay,
Farnham, Québec, Canada 2010 .... La QV .... 15,00 $ 173

Vignoble des Négondos, Cuvée Orélie, ... Vignoble des .... 15,00 $ 93
Basses-Laurentides, Québec ,Canada   Négondos

Vignoble des Négondos, Opalinois, ... Directement du .... 15,00 $ 73
Basses-Laurentides, Québec, Canada 2010   domaine

Vignoble Les Vents d'Ange Cuvée Catherine, ... Sublime .... 15,50 $ 29
Saint-Joseph-du-Lac, Québec, Canada 2010   Importations

Vignoble Rivière du Chêne, Phénix, Saint-Eustache, ... Vignoble de la .... 21,50 $ 117
Québec, Canada 2001   Rivière du Chêne

Vin rouge

Canada, Colombie-Britannique

Laughing Stock, Portfolio, Vallée de l'Okanagan,
Colombie-Britannique, Canada 2009 .... SAQ : 11262911 .... 53,00 $ 149

Orofino Vineyards, Beleza, Vallée de la Similkameen,
Colombie-Britannique, Canada 2008 .... SAQ : 11593868 .... 56,25 $ 61

Osoyoos Larose, Le Grand Vin, Vallée de l'Okanagan,
Colombie-Britannique, Canada 2008 .... SAQ : 10293169 .... 44,50 $ 153, 157

Quail's Gate Estate Winery, Merlot,
Colombie-Britannique, Canada 2008 .... SAQ : 11262938 .... 26,95 $ 141

Canada, Ontario

Norman Hardie Estate, Pinot Noir,
Comté du Prince Édouard, Ontario, Canada 2009.............. SAQ : 11638499 ....38,75 $................ 161

Pearl Morissette, Pinot Noir, Twenty Mile Bench VQA,
Niagara, Ontario, Canada 2007.. Vinealis .... 40,00 $................ 125

Stratus Red,
Péninsule du Niagara, Ontario, Canada 2010..................... SAQ : 11574430 ....45,50 $.................. 21

Tawse, Gamay noir,
Péninsule du Niagara, Ontario, Canada 2011 .... Le Pot de vin ....22,00 $................ 209

Vineland Estates Winery, Cabernet-Merlot,
Niagara, Ontario, Canada 2008 .... SAQ : 11140383..........20,35 $................ 137

Canada, Québec

Domaine Côtes d'Ardoise, Haute Combe,.............................. Domaine .... 16,00 $................ 165
Dunham, Québec, Canada 2010   Côtes d'Ardoise

Domaine St-Jacques, Sélection de St-Jacques,
Saint-Jacques-le-Mineur, Québec, Canada 2011.................. SAQ : 11506306 .... 17,95 $.....................9

Vignoble Carone, Venice Pinot Noir,
Lanaudière, Québec, Canada 2010....................................... SAQ : 11345258 ....36,00 $.................. 17

Vignoble Rivière du Chêne, Cuvée William,
Saint-Eustache, Québec, Canada 2011................................ SAQ : 00743989........ 15,25 $................ 169

Vin de dessert et autres

Canada, Ontario

Inniskillin, Riesling,
Péninsule du Niagara, Ontario, Canada 2008..................... SAQ : 10296511..........72,00 $................ 101

Canada, Québec

Antolino Brongo, Cryomalus,
Saint-Joseph-du-lac, Québec, Canada 2009 .... SAQ : 11002626..........30,25 $...... 77, 81, 85

Cidrerie du Minot, Du Minot Brut,
Montérégie, Québec, Canada 2010...................................... SAQ : 00733386........ 15,90 $.................. 13

Clos Saragnat, Avalanche,
Frelighsburg, Québec, Canada 2009 .... SAQ : 11133221..........27,40 $.......... 45, 113

Clos Saragnat, L'Original,
Frelighsburg, Québec, Canada 2003 .... Clos Saragnat........... 26,50 $.................. 89

Domaine & Vins Gélinas, Vin de glace Signature,.................. Domaine & Vins........ 32,00 $.................. 33
Saint-Sévère, Québec, Canada   Gélinas

Domaine des Salamandres, Poiré de glace,
Hemmingford, Québec, Canada 2009................................. SAQ : 11440343 ....33,25 $.................. 69

Domaine Leduc-Piedimonte, Cidre de glace,
Réserve privée, Rougemont, Québec, Canada 2005............ SAQ : 11506955 .... 70,00 $................ 145

La Bauge, Novembre-Vendange Tardive,
Brigham, Québec, Canada 2010... SAQ : 10853189 .... 17,40 $................ 205

Michel Jodoin, Cidre Rosé Mousseux,
Rougemont, Québec, Canada .... SAQ : 00733394........ 19,15 $................ 185

Michel Levac, Vignoble d'Oka, Mystère glacé,
Québec, Canada 2010... Vignoble d'Oka .... 30,00 $................ 109

Pierre Gosselin, Le Clos des Brumes, Cuvée Blé Noir,
Québec, Canada.. SAQ : 00735076........ 29,45 $.................. 57

Vignoble d'Oka, Rouge Berry,
Basses-Laurentides, Québec, Canada 2010......................... Vignoble d'Oka.......... 19,95 $.................. 65

Vignoble du Marathonien, Vidal, Havelock,
Québec, Canada 2008 .... SAQ : 11398317 .... 54,25 $................ 197

Remerciements

Nous tenons d'abord à remercier les sommeliers qui nous ont autorisés à entrer dans leur univers pour nous permettre de vous communiquer leur passion. Continuez à nous inspirer et à nous faire découvrir de nouvelles trouvailles.

Merci aux collaborateurs qui ont travaillé de près ou de loin à ce projet. Vous avez, par vos talents, contribué à réaliser notre rêve d'écrire ce livre sur les sommeliers. À l'équipe de Shoot Studio, et particulièrement au photographe Hans Laurendeau, un énorme merci pour avoir réussi à croquer sur le vif la passion et l'énergie qui animent les cinquante pros du vin présentés dans ce livre.

Un remerciement chaleureux à votre rédacteur Alain Roy et à votre éditrice Myriam Caron Belzile, qui ont contribué à faire de ce guide une perle rare !

Merci aussi à l'Association canadienne des sommeliers professionnels, qui met en valeur le métier de sommelier.

Enfin, nous tenons à exprimer nos remerciements aux commanditaires. Vous avez cru en notre projet dès le premier instant, et nous espérons que vous aurez autant de plaisir à consulter cette première édition de notre guide que nous en avons eu à le concevoir.

Au plaisir de déguster avec vous prochainement,

Jessica Harnois &
Alexandre Marchand

ON PARTAGE
LES BONNES IDÉES.

brad
PUBLICITÉ. DESIGN. WEB.

brad.ca

Desjardins
Caisse Laviolette

Trois-Rivières, 3 centres de services :

4505 boulevard des Récollets (siège social)
500 boulevard du Saint-Maurice
11711 rue Notre-Dame Ouest

Pour nous joindre :

819 697-2345
1 877 495-2345